다이아몬드 편지

- 흔들리지 않는 평정심, 금강경 강설 -

우득 지음

도서출판 뷰티풀마인드

들어가는 말

금강경은 천수경, 반야심경과 함께 출가 불자나 재가 불자를 아울러서 가장 널리 읽히고 있는 경전임에 틀림 없을 것입니다. 주석서 또한 한국에서 출판된 것만 해도 200종이 넘습니다. 그럼에도 가장 잘못 이해하고 있고 그 뜻이 왜곡되어 전달되는 경이 바로 금강경이기도 합니다. 중국어로 번역된 종류는 여섯 종류가 있지요. 그 중 가장 널리 쓰이는 판본은 서유기의 주인공인 현장법사의 번역본과 인도의 승려로서 중국에 전법 차 건너와 살았던 구마라집 번역본이 있습니다. 하지만 현장본은 학문적 연구의 비교 자료로 쓰이고 주로 독송, 번역되는 역본은 구마라집본입니다. 저도 여섯 가지 번역본을 다 읽어보고 가지고 있습니다만 가장 무난하고 매끄러운 판본은 구마라집본이라는 생각이 듭니다.

요즘 인도에서 수십 년 유학하고 돌아온 스님들의 원전 번역(빨리어나 산스크리트어를 바로 우리말로)이 절찬리에 이루어지고 있으니 저 같이 게으른 사람에게는 더없이 고마운 일입니다. 덕분에 산스크리트어본과 더불어 번역본도 함께 지닐 수 있는 행운을 누리고 있습니다.

앞으로 이야기할 금강경의 저본(底本)은 구마라집본으로 하고 주석, 강해는 이본(異本)들을 참고하여 이야기를 전개해 나가겠습니다. 아울러 저에게 선심(禪心)을 깨닫게 해주시고 경전 읽는 눈을 뜨게 해주신 지유선사 · 정화선사(知有禪師 · 正和禪師) 두 분 스승님들의 사상이 이 글에 적지 않게 녹아 있음을 말씀드립니다.

첫 번째 편지 ·· 9

두 번째 편지 ·· 21

세 번째 편지 ·· 33

네 번째 편지 ·· 47

다섯 번째 편지 ······································· 59

여섯 번째 편지 ······································· 71

일곱 번째 편지 ······································· 83

여덟 번째 편지 ······································· 95

아홉 번째 편지 ······································ 107

열 번째 편지 ··· 119

열한 번째 편지 ······································ 131

열두 번째 편지 ······································ 143

열세 번째 편지 ······································ 155

열네 번째 편지 ······································ 167

열다섯 번째 편지	179
열여섯 번째 편지	191
열일곱 번째 편지	199
열여덟 번째 편지	213
열아홉 번째 편지	243
스무 번째 편지	259
스물한 번째 편지	275
스물두 번째 편지	295
스물세 번째 편지	309
스물네 번째 편지	317
스물다섯 번째 편지	323
스물여섯 번째 편지	335
스물일곱 번째 편지	341
스물여덟 번째 편지	347

스물아홉 번째 편지	351
서른 번째 편지	357
서른한 번째 편지	365
서른두 번째 편지	371
서른세 번째 편지	377
서른네 번째 편지	381
서른다섯 번째 편지	387
서른여섯 번째 편지	393

1.
행복은 마음속 욕망을 충족시킴으로 얻어질 수 있는 것이 아니요, 오직 우리의 의식이 전환되고 가치 중심을 이동시킴으로써 얻을 수 있다는 것을 자각해야 합니다.

편집자가 뽑은 한 문장

당신의 마음에 들어온
한 문장은 무엇인가요?

_____

_____

_____

_____

_____

_____

_____

첫 번째 편지

法會因由分

如是我聞 一時 佛在舍衛國祇樹給孤獨園 與大比丘衆千二百五十人俱 爾時 世尊食時 着衣持鉢 入舍衛大城乞食 於其城中 次第乞已 還至本處 飯食訖 收衣鉢 洗足已 敷座而坐

이와 같은 말씀이 나에게 들려왔습니다. 한때 부처님께서 스라바스티에 있는 기타태자와 외로운 이 돕기를 즐겨 하는 장자 수닷타가 세운 동산에서 수행이 뛰어난 비구 무리(승가) 천이백오십 명과 함께 계실 때입니다. 마침 공양 드실 때라 세존께서는 가사를 갖춰 입으시고 발우를 지니신 후 성안으로 들어가 차례로 밥을 얻으신 후 동산으로 돌아오셔서 공양을 드시고 발을 씻은 뒤에 자리를 펴고 앉으셨습니다.

강해

금강경의 원 이름은 Vajracchedika prajna paramita sutra 입니다. 이 바즈랏체디카를 현장스님은 능단(能斷)이라 번역했고 구마라집은 금강(金剛)이라 번역했습니다. 능단이란 '무엇이든 잘라 버릴 수 있는'이란 뜻이고, 금강이란 '다이아몬드처럼 가장 견고하고 날카로운' 이런 뜻이 되겠지요. 조금 보충을 하자면 '벽력(霹靂)' 이런 뜻도 있습니다.

저는 인도 여행을 통하여 경전을 올바르게 이해하는데 얼마나 많은 도움을 받았는지 모르겠습니다. 언젠가 말씀드린 적이 있는데요, 언어란 그 사회 구성원들 사유방식의 결정체라 해도 과언이 아닙니다. 그들에게 있어 벽력이란 지혜의 상징입니다. 그래서 그쪽 탱화에 나타나 있는 문수보살의 그림은 우리처럼 자애로운 모습이 아니라 눈을 부릅뜬 채 금강저(인도 신화에서 인드라 신이 벽력을 내려치는 도구)를 들고 벽력을 내리치는 모습입니다. 즉 벽력(지혜)이란 그릇된 신념, 가치체계, 통념들을 눈 깜짝할 사이에 부수어 버린다는 의미입니다. 실로 경의 제목을 바르게 이해하면 그 경은 보지 않아도 됩니다. 제목 안에 뜻이 다 담겨 있기 때문입니다. 반야바라밀다, 즉 '프라즈나파라미타'란

'지혜의 실천 또는 지혜를 행함' 이런 뜻이 되겠습니다. '수트라'는 보배 꾸러미라는 뜻인데 우리말로 경(經)이라고 쓰지요. 다 그 사회의 사유구조방식에 따라 명명한 거니까 잘못된 옮김이라고 할 수는 없을 것 같습니다.

그럼, 이제 본문으로 들어가 볼까요. 여시(如是) '이와 같이'라고 번역합니다. 사실 다른 모든 경전 첫머리에 등장하는 말이기도 한 여시(如是)는 굉장히 함축적이고 깊은 뜻을 지니고 있습니다. 다른 주석서들을 보면 대강 넘어가 버리고 마는데 이 여시(如是)라는 말은 부처님 사상의 핵심이라고 할 수 있습니다. 여시 즉 '이와 같이'라는 것은 '한 흐름 속에서'라는 뜻입니다.

'한 흐름'의 이해를 돕기 위하여 부처님께서 연기의 실상에 관하여 예로 든 바다와 파도의 비유는 언제 생각해봐도 그저 놀랍고 감탄스러울 뿐입니다. 헤아릴 수 없는 파도가 있습니다. 그 파도 하나하나는 다 홀로 존재한다고[我相] 생각합니다. 그 중 한 파도[佛]가 문득 홀로 독립된 존재라는 생각을 벗어나 근원을 돌이켜보니 각자 독립된 존재라고 여겼던 무량무수의 파도들이 사실은 바다의 움직임에서 벗어나지 않는다는 것을 자각합니다. 큰 파도 작은 파도할 것 없이 바다라고 하는 전체 속에 일어나는 움직임에 불과한 것입니다. 그러나 파도들은[衆生] 그 사실을 자각하지 못한 채 너는 잘나고 나는 못났다는 생각을 지니고 삽니다. 이것이 분별입니다. 이것이 생사(生死)입니다. 이것이 고통입니다. 이것이 윤회의 원인[無明]입니다. 하지만 전체의 흐름 속에 함께 한다는 자각이 있든 없든 간에 본래로부터 한 흐름인 것입니다. 다만 파도들은 사실이 아닌 스스로 지어낸 생각[顚倒夢想]을 부둥켜안고 삽니다. 이것이 중생계입니다.

　여시(如是) 즉 '이와 같이'란 전도몽상에서 벗어나 '한 흐름 속에 함께 하여'라는 뜻입니다. 다시 말하면 작위적인 생각은 사라지고 전체 한 흐름으로만 존재하는 것입니다. 때문에 다른 번역들처럼 여시아문(如是我聞)을 "이와 같이 나는 들었다."가 아니라 "이와 같이(한 흐름 속에서) 나에게(전체로서의 나)들려왔다."로 해석해 보겠습니다. 여기서 '들려왔다' 즉 '들음(聞)'은 듣는 주체와 들리는 대상과 들음이라는 행위가 따로 있다면 바른 들음이 아닙니다. 그러면 이 경전의 기자인 아난은 아라한이 못 되겠지요! '반야바라밀'이란 동시 전체가 하나로 자기의 전 존재를 함께 드러냄을 뜻합니다.

바꾸어 말하면 듣는 나도 없고 말하는 화자도 없습니다. '오직 들음'이라는 행위로 전체가 동시에 하나로 열려 있습니다. 그러니 아난이라는 주관적 나는 사라지고 없는 것입니다. '이와 같이'란 말로써 개인적 견해가 아니라 바른 법인 진여실상을 증명하고자 하는 것이 경전의 첫 머리에 예외 없이 시작되는 여시아문(如是我聞)인 것입니다.

한때[一時]도 혹 어떤 이들은 어느 때라고 번역하기도 하던데 이것도 문제가 있는 번역입니다. 한때란 '들음'이라는 행위로 아난과 천이백오십 명의 비구들, 그리고 화자인 부처님이 하나되어 있는 때를 말하는 것입니다. 이런 일은 비단 부처님 회상에서만의 일이 아니라 우리들 세계에서도 가끔 경험하는 일이 아닌가 싶습니다. 예를 들어 콘서트 장에서 연주하는 연주자와 듣는 청중이 그 음악으로 하나되어 있을 때, 나라는 개인의 자아의식은 사라지고 오직 음악만이 남게 됩니다. 이때가 연주자와 청중은 음악으로 하나되어 동시 전체의 삶을 열게 된 때입니다.

사람들이 잊어버려서 그렇지 그 순간만큼 행복해 본 적이 또 있나요? 있다면 나와 보라고 하십시오. 우리가 잊고 살지만 그것이 우리의 본래면목 즉 참모습이기 때문에 그러한 상황을 무의식중에 그리워하고 있는 것입니다. 다만 중생들은 어떤 자극적인 상황과 행위를 통해서만 무아를 맛볼 뿐이고, 부처님과 아라한들은 하나됨 속에서 늘 무아로서 산다는 것이 다릅니다.

자, 다음으로 넘어가 볼까요. 음, 기원정사의 창건 유래에 대해선 잘 알고 계시죠? 그래서 그것은 생략하기로 하겠습니다. 자, 여기서부터는 상상력이 필요합니다. 부처님께서 머무시던 동산은 성에서 30분가량 떨어진 곳입니다. 지금은 황량한 폐허가 되어 수백 마리 원숭이들의 놀이터로 변하였지만 현장에서 조금만 상상력을 발휘하면 부처님 재세 시 그 아름다웠던 동산의 모습을 다시 그려내는 것은 어려운 일이 아닙니다. 아름다운 새들의 노래가 들립니다. 바쁘게 뛰어다니는 원숭이도 보입니다. 조용히 눈빛을 안으로 갈무리한 채 경행(걸으면서 하는 명상) 하고 있는 비구들의 모습도 보입니다.

나무 밑에 앉아 조용히 선정에 잠겨 있는 비구들도 보입니다. 그 무리 한가운데 유난히 밝고 맑은 오라(aura)를 피워내시는 분이 계십니다. 제가 목숨 다해 귀의해야 할 귀의처인 부처님이십니다. 스승 세존께서는 선정에 들어 계시다가 공양 받으실 때가 된 것을 아시고 물 흐르듯 자연스러운 움직임으로, 걷어 올려 어깨에 접어 두었던 가사를 펴서 손과 목, 등 드러난 몸을 가리시고 발우를 들어 가슴 아래에 받쳐 들고 찬연한 아침햇살을 받으며 한 걸음 한 걸음 움직여 성중으로 들어가십니다.

그 뒤를 따라 비구 무리들도 법답게 위의를 갖추어 성중으로 들어갑니다. 이때 부처님 걸음 속에는 반야바라밀만이 살아나 있습니다. 바른 주의집중 속에 걷는 행위로 하나 되어 있습니다. 그 걸음 가운데 우수노 녹아 있고, 중생도 녹아 있고, 부처도 녹아 있습니다. 그 하나됨이 동시이며 전체이며 열려있는 삶입니다. 이것이 반야바라밀입니다. 이윽고 성중에 들어가셔서 처음 마음 정한 곳으로부터 차례대로 일곱 집을 거쳐 밥을 빌어 거처로 돌아오십니다.

빌어온 밥을 양만큼 드시고 남은 밥은 마른자리에 두어 들짐승들이 먹게 하십니다. 발우를 씻어 잘 포개어 놓으신 후 발을 씻으시고 자리 펴고 앉으십니다. 그림이 그려지십니까? 저는 상상이나 현실적 상황을 막론하고 이와 같이 아름다운 모습을 보지 못했습니다. 지극히 일상적인 모습을 그린 이것들을 3000여년이라는 시공을 뛰어넘어 가슴으로부터 끄집어 올림으로써 저는 눈멀고 귀먹어 버렸습니다. 이처럼 부처님의 일상은 지극히 평범한, 평범(平凡) 그 자체였습니다. 그러나 그 평범함은 누구도 흉내 내기 어려운 비범함입니다.

 흔히 큰스님이라 불리는 이들과 부처님의 일상을 비교해 봐 주십시오. 이 안에 앞으로 전개될 금강경의 모든 이야기가 들어 있습니다. 부처님의 의식 흐름 안에는 부처라는 생각, 스승이라는 생각, 무리의 리더라는 생각 등 일체의 자아, 즉 에고(ego)가 사라져 온전한 반야바라밀로만 살아 있습니다. 때문에 조금도 어색함 없이 열린 마음, 각성된 의식으로 동시 전체로 존재하는 것입니다. 부처님이 우주이고, 밟는 땅이 우주이고, 드시는 음식이 우주이고, 발 씻은 물이 우주인 것입니다. 이것이 동시 전체로 사는 흐름입니다. 이것이 우리 모든 수행자들의 표상이어야 합니다. 늘 돌이켜 보고 돌이켜 봐야 합니다.

 수행이란 특별한 모습으로 정해져 있지 않습니다. 앉으면 앉은 대로, 움직이면 움직인 대로, 그 모습과 하나되어 자기의 전 모습을 드러내는 것입니다. 그것을 일러서 있는 그대로의 삶, 열려 있는 삶, 한 흐름으로 함께 하는 삶이라고 하는 것입니다. 이것이 붓다의 삶입니다. 이것이 보살의 삶입니다. 이 삶이 앞으로 우리가 살아야 할 삶입니다. 잠깐이라도 걸을 일이 있으면 바른 몸가짐으로 주의를 집중하여 걷는 걸음과 하나 되어보십시오. 그때 경험한 감각은 기적이라 불릴 만큼 놀라운 경험이 될 겁니다. 행복은 마음속 욕망을 충족시킴으로 얻어질 수 있는 것이 아니요, 오직 우리의 의식이 전환되고 가치 중심을 이동시킴으로써 얻을 수 있다는 것을 자각해야 합니다.

 흔히 생각하기에 행복감이니 깨달음을 특별한 상대로 바라보기가 쉽습니다. 그러나 어떤 정한 모습이 있는 상태는 반드시 없어지기 마련입니다. 그 이후에 찾아오는 상실감은 더 크겠지요. 깨달음이란 마음으로 지어놓은 한정이 사라져서 있는 그대로의 삶을 받아들이는 일입니다. 그때 의식이 전환되고 가치 중심이 이동합니다. 행복은 거기에 있습니다.

2.
정토, 즉 극락세계란 사후에 가는 곳이 아니라 분별 짓고 한정 짓는 마음이 사라지면 즉각 드러나는 세계입니다.

편집자가 뽑은 한 문장

당신의 마음에 들어온
한 문장은 무엇인가요?

두 번째 편지

善現起請分

時 長老須菩提 在人衆中 卽從座起 偏袒右肩 右膝着地 合掌恭敬 而白佛言 希有世尊 如來善護念諸菩薩 善付囑諸菩薩 世尊 善男子善女人 發阿耨多羅三藐三菩提心 應云何住 云何降伏其心 佛言 善哉善哉 須菩提 如汝所說 如來 善護念諸菩薩 善付囑諸菩薩 汝今諦聽 當爲汝說 善男子善女人 發阿耨多羅三藐三菩提心 應如是住 如是降伏其心 唯然世尊 願樂欲聞

    때에 수보리 장로께서는 무리 가운데서 곧 일어나 풀어졌던 가사를 단정히 접어 오른쪽 어깨 위에 걸어 메어 오른쪽 어깨를 드러내고 오른 무릎을 꿇어 땅에 댄 후 공손하고 경건한 모습으로 합장하여 부처님께 여쭈었습니다. "드무신 분 세존이시여, 여래께서는 모든 보살들을 잘 보호하시고 잘 전하여 당부하십니다. 세존이시여, 위없는 바른 깨달음에 대한 마음을 낸 선남자 선여인들은 마땅히 어떻게 그 마음(바른 깨달음에 대한)에 머무르며 어떻게 그 마음(바른 깨달음에서 벗어나려는)을 다스려야 합니까?" 부처님께서 수보리 장로에게 말씀하시되 "음, 좋은 질문이야! 그대가 말한 대로 여래는 모든 보살들을 잘 보호하며 그것을 잘 전하여 당부한다. 그대는 이제 자세히 들어라. 마땅히 그대를 위하여 말하리라. 선남자 선여인이 바른 깨달음에 관하여 마음을 냈을 때 마땅히 이와 같이 그 마음에 머무르며 이와 같이 그 마음을 다스려야 한다."

"그렇습니까? 원하건대 즐거이 듣고자 합니다."

강해

자, 조금 상상력을 발휘해 봅시다. 부처님께서는 자리에 단정하게 앉아 계십니다. 새 울음소리가 들립니다. 원숭이들이 장난치는 소리도 들립니다. 가까운 논밭에서 소 몰고 밭을 가는 소리도 들립니다. 그러나 부처님께서는 그 어떤 소리에도 싫어하거나 좋아하는 마음을 내지 않습니다. 다만 그 소리들은 왔다가 그냥 흘러갑니다. 마음속에 그리는 어떤 소리가 있다면 그 소리 이외에는 소음이 되겠지만 마음속에 어떤 한정을 만들지 않고 비워버린 마음, 열려있는 마음의 상태에서 들리는 소리는 소리소리마다 가릉빈가의 음성입니다. 부처님께서는 소리가 있으면 소리와 하나되어 흐르고 몸에 와 닿은 바람이 있으면 그 감촉과 하나됩니다. 여기 그렇게 부처님께서는 큰 침묵 속에 앉아 계십니다. 비구 무리들도 부처님과 함께 큰 침묵 속에 들어 한 흐름으로 흐르고 있습니다. 이때 그 큰 침묵의 흐름 속에 작은 소용돌이가 일어남을 장로 수보리가 알아차립니다. 알아차리자 곧 일어나 온몸을 감싸고 있던 가사를 풀어서 단정하게 접어 오른쪽 어깨 위로 걸어 메어 어깨를 드러낸 후 오른쪽 무릎을 땅에 대고 합장하여 존경의 예를 표한 뒤에 부처님께 여쭙니다.

여기서 우리가 반드시 이해하고 넘어가야만 할 일이 있습니다. 그것은 시간과 공간 그리고 자아(自我)에 관해서입니다. 금강경의 무대인 슈라바스티의 사헤트마헤트와 고타마 붓다 그리고 장로 수보리를 자아라고 하는 전도된 편견에서 인식한다면 그분들은 역사적 인물들임과 동시에 독립된 존재, 즉 타인으로 존재합니다. 그렇게 되면 시간과 공간이 다른 차원에 존재하는 그분들을 우리는 만날 수가 없습니다.

그러나 시간과 공간은 사실로서 존재하는 것이 아니라 우리들의 공업(共業)과 별업(別業)인 인식 속에서만 존재합니다. 인식을 벗어나서 한 흐름 속에 들어가면 금강경의 무대와 붓다 고타마와 장로 수보리는 여기 이 자리 우리의 삶 속에서 살아납니다. 부처님은 일체 함이 없는 큰 침묵 속에 우리와 함께 살아있습니다. 수보리는 침묵 속에 어떤 소용돌이가 일어나자 즉각 알아차림으로 살아납니다. 그 알아차림[覺性]을 관자재보살 또는 관세음보살이라고 부르기도 합니다.

 이야기가 조금 딱딱하게 흐르고 있습니다만, 반드시 이해하고 넘어가야 할 부분이기에 조금 더 언급하기로 하겠습니다. 부처님은 모습이 없습니다. 소리도 없습니다. 그래서 보려 해도 볼 수 없고 만지려 해도 만질 수가 없습니다. 이것이 법신(法身)으로서 부처님입니다. 이것을 중국인들은 체(體)라고 명명했습니다. 거기서 모든 현상들이 일어납니다. 그러나 현상들은 고정된 모습으로 존재하는 것이 아니라 한 찰나도 쉬지 않고 변화합니다. 그것을 흐름이라고 합니다. 그것을 무상(無常)이라고 부르기도 합니다. 이것을 중국인들은 용(用)이라고 명명했습니다. 그러나 둘은 따로따로가 아닙니다. 체 속에 용이 있고, 용 속에 체가 있습니다. 체를 떠난 용이 없고, 용을 떠난 체는 없습니다.

 체의 움직임이 용이요, 용의 멈춤이 체입니다. 언뜻 생각하기에 무슨 말장난처럼 느껴지기 쉬우나 이것을 바르게 이해하면 팔만 사천의 부처님 가르침이 하나로 녹아 이 자리에서 드러납니다. 부처님 말씀을 기록한 모든 경전은 역사적 기록인 동시에 지금 여기서 일어나고 있는 마음에 관한 이야기입니다. 경전 속에 담겨진 수많은 캐릭터들은 지금 여기서 일어나고 있는 마음속 편린들을 상징하고 있는 것입니다.

다시 금강경의 무대로 돌아가 보겠습니다. 그때 금강 회상에 모인 대중들 중에는 아라한도에 이른 사람도 있을 것이고, 그렇지 못한 사람도 있을 것입니다. 때문에 처음에는 부처님과 함께 큰 침묵 속에 하나되어 흐르다 시간이 흐르면서 그 흐름이 깨지고 작은 동요가 일어나기 시작합니다. 존자 수보리는 이미 아라한이기 때문에 그 동요를 알아차립니다. 아라한이란 '완전한 자기 비움'이 가능한 사람입니다. 이런 사람은 대중 가운데 조그마한 흔들림도 알아차릴 수 있습니다. 이것을 지금의 우리 삶과 연관 지어서 받아들여야 합니다.

침묵이 있습니다. 그때 침묵을 깨려는 작은 움직임이 있습니다. 그 작은 움직임을 곧 알아차려 다시 침묵 속으로 돌려놓습니다. 이 알아차림이 내 안의 수보리인 것입니다. 이렇게 알아차려서 돌려놓은 순간에는 나도 없고 상대도 없습니다. 이것을 무아상(無我相), 무법상(無法相)이라 부릅니다. 이렇게 무아상, 무법상이 되었을 때 먼 역사 저편의 금강회상이 바로 여기 이 자리에 함께 살아서 하나의 흐름으로 녹아드는 것입니다. 또한 우리의 삶 가운데 수보리 존자로 대변되는 알아차림[覺性]이 살아 있어야만 금강경도 비로소 살아 있게 되는 것입니다.

존자 수보리는 말합니다. "드문 분 세존이시여! 부처님께서는 모든 보살들을 잘 보호하시고 잘 전하여 당부하십니다."라고. 부처님의 열 가지 호(號) 중 하나인 세존이라는 말은 세상에서 존경 받을 만한 분이란 뜻으로 지금도 인도 사회에서 영적 스승들에게 쓰고 있습니다. 인도 말로는 바가바완이라고 합니다. '바가바완' 어디서 많이 들어본 말 아닙니까? 영화 스타워즈 시리즈를 보면 거기에는 금강경을 모티브로 해서 따온 이름들이 몇 개 있습니다.

'제다이' 기사도 제타(기타)태자에서 따 왔다지요. 아, 지금 그것이 중요한 것은 아니고 수보리는 왜, 무얼 보고 아! 세상에 참으로 드문 분이라고 하였으며 모든 보살들을 잘 보호하며 보살들에게 잘 전하여 당부하신다고 했을까요? 금강경의 처음과 끝이 여기에 다 들어 있습니다. 여기서 유마경의 한 구절을 가져와 볼까요? 거기에서 이렇게 말하고 있습니다.

보살이 이상 국토(정토)를 세우고자 하거든 마땅히 그 마음을 청정히 하라. 따라서 그 마음이 청정해지면 곧 불토(이상 국토)가 청정해진다. [菩薩 欲得淨土 當淨其心 隨其心淨 則佛土淨]

정토, 즉 극락세계란 사후에 가는 곳이 아니라 분별짓고 한정짓는 마음이 사라지면 즉각 드러나는 세계입니다. 예를 들면 여러분과 제가 한 하늘을 이고 같은 땅을 밟고 살고 있다고 해서 같은 세상을 공유하며 사는 것은 아닙니다. 어떤 부분은 공유합니다. 이것은 공업(共業)입니다. 이떤 부분은 전혀 다르게 인식합니다. 이것은 별업(別業)입니다.

만약 이 지구상에 천만 억 생명 가진 존재들이 있다면 천만 억의 세계가 따로 존재하는 것입니다. 정토란 각자가 쌓고 있는 세계(별업과 공업)를 허물어 버리는 것을 이야기합니다. 그것이 마음을 청정하게 하는 일이며 동시에 정토를 세우는 일입니다. 이 세상은 본래로부터 불국토입니다. 다만 사람들이 각자의 색깔 있는 안경을 쓰고 바라보면서 자기 색이 세상이라 우기고 있는 것입니다. 그렇기 때문에 존자 수보리는 한 흐름 속에 사시는 부처님을 보고 '드문 분'이라고 찬탄해 마지않는 것입니다.

부처님께서 나는 깨달은 사람이라거나 특별하다거나 출가사문들의 우두머리라거나 하는 생각을 조금이라도 낸다면 이미 부처님이 아닙니다. 부처님의 의식 안에는 일체의 상(相)이 없습니다. 생명을 가진 중생이거나 생명이 없는 중생이거나 할 것 없이 모두 한 흐름 속에 녹아 있는 것입니다. 이것이 반야심경에서 말한 시무등등주(是無等等呪)입니다. 이것이 금강 반야바라밀인 것입니다. 부처님 마음이 이와 같기 때문에 그 마음이 일상을 통해서 드러납니다. 밥 드시고, 발 씻으시고, 자리 펴고 앉으신 이 가운데 반야바라밀이 살아나고 있습니다.

내 마음 밖에 보살이 존재하고 중생이 존재한다면 이는 한정 짓고, 분별을 짓는 일이어서 이미 부처가 아닙니다. 보살이란, 한정과 분별이 없는 마음, 동시 전체로 함께 사는 열린 마음을 말하기 때문입니다. 하여서 그 마음에 머물고, 그 마음을 잘 전하는 일이 보살들을 잘 보호하고 잘 전하여 당부[善護念諸菩薩 善付囑諸菩薩]하는 일인 것입니다.

다시 본문으로 돌아가 보겠습니다. 존자 수보리는 묻습니다. "위없는 바른 깨달음에 마음을 낸(함께 하는 흐름에 든) 선남자 선여인들은 어떻게 그 마음에 머물고 그 마음을 다스려야 합니까?"라고. 일반적으로 중생심(衆生心)이란 유위법으로 조작된 마음, 한정과 분별로 제약된 마음을 말합니다. 그렇다면 그 반대되는 보살의 마음, 붓다의 마음은 어떤 것일까요! 무위법으로 열린 마음, 한정과 분별이 없는 마음을 말하겠지요. 여기서 어떤 선남자 선여인이 나라는 조작되고 한정과 분별 짓는 마음을 벗어나 한 흐름에 들었을 때 그 마음에 어떻게 머물며 그 마음을 벗어나려 할 때 그 마음을 어떻게 다스려야하는지를 묻고 있는 것입니다. 이것을 위없는 바른 깨달음에 마음을 내었을 때[發阿耨多羅三藐三菩提]라고 한 것입니다.

의상조사 법성게에 처음 마음이 일어날 때가 바른 깨달음을 이룬 때[初發心是便正覺]라는 의미를 살펴 볼 필요가 있습니다. 대체로 게송(偈頌)의 의미가 곡해되어 전달되고 있던데요, 그 구절의 참뜻은 이렇습니다. 제가 위에서 체와 용에 관하여 짧게 설명 드린 적이 있습니다. 상대에 대한 자각은 내가 있음으로 존재합니다. 한 흐름(깨달음) 속에 있을 때는 상대에 대한 자각이 없습니다. 이를 체라고 한다면 여기서 첫 움직임을 알아차려 체성(體性)을 여의지 않을 때를[初發心] 말한 것입니다. 이것이 수행의 처음이자 끝입니다[便正覺].

3.

괴로움이란 괴로움 자체로 정해져 있는 것이 아니라 우리의 전도된 시각, 즉 무상, 무아를 바르게 보지 못하여서 생겨나는 고통인 것입니다.

편집자가 뽑은 한 문장

당신의 마음에 들어온
한 문장은 무엇인가요?

세 번째 편지

강해

보살님, 지난 번 편지에 이어서 말씀드리겠습니다. 알아차림[用]은 지켜봄 가운데서 생깁니다. 이 지켜봄이 우리의 체(體)입니다. 여기서 어떤 움직임도 없다면 그 체 또한 찾아보기 어렵습니다. 움직임이 있으므로 그것을 자각할 수 있는 것이고 그 자각의 근원인 지켜봄을 체라고 부르는 것입니다. 이 지켜봄을 본지(本知) 또는 순수한 앎이라 부릅니다. 따라서 일어난 상태에 사로잡히지 않고 지켜봄으로 존재할 때를 체성(體性)을 여의지 않은 때라 부르는 것입니다.

다시 본문으로 돌아가겠습니다. 수보리의 질문에 부처님께서는 선재선재(善哉善哉)라 하십니다. 이 말을 직역하자면 '좋아! 좋아!'라고 할 수 있을 것입니다. 그러나 거기에 담겨진 함의는 "어쩌면 그렇게 내 생각을 잘 알고 잘 물어보아 주는구나, 참 기특한 제자로고!" 대략 이런 뜻이라 할 수 있습니다.

부처님께선 말씀하십니다. "네가 말한 대로 여래는 모든 보살들을 잘 보호하고 잘 전하여 당부하신다. 너는 이제 자세히 들어라[汝今諦聽]. 마땅히 너를 위하여 말하리라."라고. '너는 이제 자세히 들어라!'라는 말씀을 지금 내 삶과 연관 지어서 받아들인다면 지금 이 자리에서 깨어 있음, 즉 지켜봄[體性]을 잃지 않는 일이 될 것입니다. 이 체성을 여의지 않는 상태에서 너를 위하여 말하는 것이 선부촉제보살(善付囑諸菩薩)인 것입니다. 그렇기 때문에 때가 되어 발우를 지니시고, 걸식하시고, 공양하시고, 발을 씻으시고, 자리 펴고 앉으신 일련의 모든 행위들이 체성(體性)을 여의지 않은 까닭에 희유한 일이며 모든 보살들을 잘 감싸서 보호하는 일이며 잘 전하여 당부하는 일이 되는 것입니다. 부처님께선 말씀하십니다. "선남자 선여인이 위없는 바른 깨달음의 마음을 냈을 때, 마땅히 이와 같이[如是] 그 마음에 머물고 이와 같이 그 마음을 다스려야 한다."라고

서두에 여시(如是)에 관하여 포괄적으로 뜻을 말씀드렸습니다만, 여기서는 조금 더 학술적 서술에 역점을 두고자

합니다. 하지만 작은 걱정이 없는 것은 아닙니다. 자칫 문장이 건조해지고 현학적으로 흐를 개연성이 농후하기 때문입니다. 그래서 생략하고 넘어갈까 망설이기도 했지만, 불교 철학의 근간을 이루고 있는 교의이기 때문에 자칫 흥미를 떨어뜨릴 염려를 안고서라도 설명하기로 마음먹었습니다.

여시(如是)에서 여(如)는 진여실상(眞如實相)의 준말입니다. 그렇다면 진여실상은 무슨 뜻일까요? 그것은 '있는 그대로 참답고 실다운 모습'이란 뜻입니다. 이것을 줄여서 '있는 그대로'라고 많이 쓰고 있습니다. 그렇다면 그 실상은 어떤 모습일까요? 부처님께서는 일체개고(一切皆苦), 제법무아(諸法無我), 제행무상(諸行無常)의 삼법인(三法印)이 실상이라고 하십니다. 거기에 그 세 요소를 포괄하고 있는 연기공성(緣起空性), 중도실상(中道實相)을 포함하여 말하기도 합니다. 이것을 줄여서 고·공·무상·무아(苦·空·無常·無我)라고 부릅니다.

그러면 지금부터 그 하나하나 의미를 살펴보도록 하겠습니다. 먼저 무상(無常)에 관하여 이야기 하겠습니다. 이 무상에 관한 일반 대중의 이해는 아주 비뚤어져 있습니다. 흔히 덧없음, 허무, 염세 정도로 받아들여지고 있습니다. 여기서 부처님의 생생한 음성을 들어 볼까요! 아함경의 말씀입니다.

"오, 브라만이여. 그것은 그 주위의 모든 것을 받아들이면서 유유히 한없이 흘러가는 커다란 강물과 같은 것이다. 그 흐름이 멈추면(열반을 말함, 반야심경에서는 行深般若波羅蜜이라함) 순간도, 찰나도, 그 다음도 없다. 그러나 그것은 계속 흘러간다. 브라만이여, 인간의 삶이란 큰 강과 같은 것이다."

　그렇습니다. 덧없고 허무하고 염세적인 개념이 무상이 아니라, 고정되어 있지 않고 순간순간 변화한 흐름으로 나투는 것을 무상이라 부릅니다. 이 세상에 형상을 가진 그 무엇도 고정된 모습으로 존재하는 것은 없습니다. 고정된 모습으로 존재하는 것은 우리의 착각에 기인한 것입니다. 이 세상에 변하지 않는 실체는 없습니다. 조금만 주의 깊게 살펴보면 이 사실을 쉽게 받아들일 수 있습니다. 이와 같은 사실을 있는 그대로 받아들임으로써 우리는 집착으로부터 자유로울 수 있습니다. 괴로움의 발생 요인 중 하나가 모양과 상태 또는 상황을 고정시켜서 받아들이는 것입니다. 그것을 집착이라고 합니다. 찰나라도 고정된 모습과 상태가 없다는 사실을 깊이 자각하게 된다면 그 흐름에 맡겨 동시 전체로 열려있는 삶, 함께하는 삶을 살게 될 것입니다.

다음은 무아(無我)에 관하여 살펴보도록 하겠습니다. 우리들은 무엇을 나라고 생각할까요? 유물론자든 유신론자든 정신적 활동과 유기적 조합체인 육체를 합쳐서 나라고 하는 것에 이견이 없을 것입니다. 불교에서는 이것을 명색(名色)이라 부릅니다. 명은 정신활동 영역을 말하고 색은 유기적 조합물을 말하겠지요. 또 불교에서는 정신활동이든 육체이든 독립되고 고정되고 영원한 실제로서의 존재는 없다고 말합니다. 다만 조건과 상호의존(연기공성)에 의하여 존재할 뿐인 것이지요. 나라는 존재 역시 그렇습니다. 그래서 이것을 다섯 가지 쌓임[五蘊]으로 세분화하기도 합니다. 그것이 색·수·상·행·식(色·受·想·行·識)입니다.

결국 우리가 나라고 굳게 믿고 있는 실체는 이 유기적 조합물인 색(色)과 정신활동인 수·상·행·식(受·想·行·識)의 가합(假合)이라는 것입니다. 그러면 색온(色蘊)은 무엇을 말하는지 살펴볼까요. 그것은 물질적 요소인 사대(四大: 地水火風)와 거기에서 파생된 지각(知覺)의 요소인 소도색(所導色)입니다. 어떤 정해진 형태를 지닌 것(고체), 이것을 지대(地大)라고 합니다. 유형성(流形性)을 지닌 형태를 수대(

水大)라 합니다. 에너지, 예를 들면 전기, 불, 인력(引力), 자력과 같은 것들을 화대(火大)라고 합니다. 풍대(風大)는 산소, 수소, 질소 등 공기를 말하겠지요. 거기에다 다섯 가지 물질적 감각 기관인 눈, 귀, 코, 혀, 몸의 지각(知覺)으로 인식된 모양, 소리, 냄새, 맛, 닿음과 마음의 대상 영역인 관념, 개념, 생각이 소도색입니다. 우리의 육체란 이것들의 조합이라 할 수 있겠지요.

다음 정신영역인 수온(受蘊)은 무엇일까요. 여기에는 물질적, 정신적 기관이 외부 세계와 접촉하여 얻어지고 경험되는 유쾌함, 불쾌함, 유쾌하지도 불쾌하지도 않은 느낌 등의 감각(감정) 등이 포함되어 있습니다. 그렇게 느끼게 되는 것에는 여섯 가지 종류가 있습니다. 그 하나는 눈을 통하여 모양을 보고, 그 둘은 귀를 통하여 소리를 듣고, 그 셋은 코를 통하여 냄새를 맡고, 그 넷은 혀를 통하여 맛보고, 그 다섯은 몸을 통하여 몸에 닿은 감촉을 느끼고, 그 여섯은 의식을 통하여 다섯 가지 감각기관[眼·耳·鼻·舌·身]을 통한 저장된 기억과 관념, 생각 등과 접촉함으로써 일어나는 유쾌함, 불쾌함, 유쾌하지도 불쾌하지도 않은 느낌과 같은 모든 물질적 정신적 감각이 여기에 해당됩니다.

다음 상온(想蘊)은 무엇일까요. 상온은 인식(認識)입니다. 이 인식도 수온인 감각과 마찬가지로 여섯 가지 감각 기관이 외부 세계와 접촉하여 발생합니다. 물질적이든 정신적이든 대상을 인식하는 것이 상온입니다.

다음 행온(行蘊)은 무엇일까요. 이것은 의도적 행위를 말합니다. 우리가 흔히 말하는 카르마(karma), 즉 업(業)으로 알려져 있는 것은 바로 이것으로부터 발생합니다. 불자님들이 즐겨 하시는 대비주를 독송하실 때 그 행위에 앞서, 대비주를 독송하고자 하는 의도가 일어납니다. 일어난 생각을 의업(意業)이라 하고, 입으로 독송하는 행위를 구업(口業)이라 하며, 몸에 붙어버린, 이것을(문학적 용어로 肉化라고 함) 신업(身業)이라 하여 신·구·의 삼업(三業)이라 합니다.

우리는 흔히 '업이 두텁다.' 또는 '무겁다.'라 하여 업을 부정적 개념으로 이해하는 경우가 많은데요, 업은 의도를 지닌 모든 행위를 말합니다. 선한 행위는 선업이요, 악한 행위는 악업인 것입니다. 그러므로 말하기를 삼업을 청정히 한다고 하지 삼업을 없앤다고 하지는 않습니다. 지성으로 염송하신 대비주 또는 다라니 등등은 삼업을 청정하게 하는 행위이지 삼업을 없애는 행위가 아닌 것입니다.

　마지막으로 식온(識蘊)에 대해 살펴보겠습니다. 식은 여섯 가지 기관(안·이·비·설·신·의)중 하나를 근거로 그것에 상응하여 나타난 여섯 가지의 외적 현상(모양·소리·냄새·맛·닿음·관념) 중 하나를 대상으로 하는 작용입니다. 예를 들어보겠습니다. 하얀 색깔의 화병이 있습니다. 눈이라는 기관을 통하여 식이 인지(認知)합니다. 이것을 안식(眼識)이라 하며 다른 감각 기관도 마찬가지겠지요. 여기서 우리가 잘 알고 넘어가야 할 사항은 식온(識蘊)은 대상을 인지하는 것이지 인식하는 것은 아니라는 사실입니다. 하얀 색깔의 화병을 식온이 인지하면 상온(想蘊)이 하얀색이라고 인식합니다. 거기에서 수온(受蘊)이 유쾌해 하거나 불쾌해 하거나 유쾌하지도 불쾌하지도 않은 감정을 일으키는 것입니다. 따라서 식온은 대상을 여섯 가지 기관 중 하나를 통하여 알게 되는 것일 뿐 대상을 인식하는 것이 아닙니다.

　위와 같이 나[我相]라고 불리는 것은, 따로 독립되고 고정된 실체로서 존재하는 것이 아니라, 여러 조건과 조건이 만나서 가합(假合)된 상호의존적 존재일 뿐 나라고 불릴만한 실체가 없다는 것이 무아(無我)의 논리입니다. 여기서 의문이 일어날 수 있습니다. 그 정신 작용이 우리의 영혼 아니냐. 그놈이 죽어서 천국도 가고 지옥도 가고(유신론자의 논리) 윤회도 하는 것 아니냐고(힌두교 또는 불교를 오해하고 있는 자들의 논리). 의문은 묻어 두십시오. 무아론과 윤회에 관해서는 뒤에 가서 다시 설명하기로 하겠습니다.

다음은 괴로움(苦)에 관하여 이야기해 보겠습니다. 삼법인의 일체개고(一切皆苦)에서 괴로움은[苦] 고통(pain)만을 말하지 않습니다. 그것만을 얘기한다면 "삶이란 고통스럽고 괴로운 것일 뿐이다"라고 해석될 소지가 다분합니다. 일상적 고통이라는 의미를 내포하고 있는 것도 분명한 사실이지만, 그와 더불어 불완전, 무상(無常), 공(空) 등의 더 깊은 의미도 포함하고 있다는 점을 유념해야 합니다.

부처님께서는 그 고통을 세 가지로 나누어 설명합니다. 그 하나는 고고성(苦苦性)이라 불리는 일상적 괴로움이요, 둘은 괴고성(壞苦性)이라 하여 변화로 인하여 발생하는 괴로움을 말합니다. 셋은 행고성(行苦性)으로써 조건 지워진 상태에서의 괴로움입니다.

일상적 고통은 무엇을 이야기할까요? 그것은 육체적 고

통(pain), 정신적 고통(mental anguish), 탄생, 늙음, 병고, 죽음, 별리 등 누구나 고통으로 인식하는 괴로움을 말합니다.

변화로 인하여 발생하는 괴로움에는 무엇이 있을까요? 삶에 있어서 행복한 느낌이나 그 느낌이 생길 수 있게 하는 조건은 영원히 지속되지 않습니다. 예를 들어보겠습니다. 어떤 목표가 있습니다, 부장 진급이라는. 열심히 노력하여 부장으로 진급하였습니다. 여기서 행복감을 느낄 수 있는 조건이 만들어져 있으므로 행복해 할 것입니다. 그러나 과거를 반추해서 살펴보면 계장 진급시의 행복감이나 과장 진급시의 행복감이 아직도 지속되고 있습니까? 그렇지 않지요? 그 행복감은 조건 속에서 만들어진 것이기 때문입니다. 조건은 영원히 지속되는 것이 아니라 잠시도 고정되어 있지 않고 쉴 사이 없이 변화합니다. 그것이 괴로움인 것입니다. 아니 엄밀히 말하면 그 조건이 영속되기를 바라는 그 마음이 괴로움인 것입니다.

조건 지어진 상태에서의 괴로움이란 무엇을 말할까요. 부처님의 말씀에 의하면 나라고 하는 존재란 끊임없이 변화하는 유기적(물질적), 정신적 힘이나 에너지의 결합(조건 속에서만)일뿐 항상한 것이 아니기 때문에 괴로움이라고 말하는 것입니다. 여기에서 열거한 괴로움이란 괴로움 자체로 정해져 있는 것이 아니라 우리의 전도된 시각, 즉 무상, 무아를 바르게 보지 못하여서 생겨나는 고통인 것입니다. 연기공성에 관해서는 무아와 윤회를 다루는 기회를 만들어 상세히 설명하도록 하겠습니다.

즉, '이와 같이[如是]'의 있는 그대로의 세계란 고, 공, 무상, 무아의 세계입니다. 주지하다시피 모든 분쟁과 갈등과 고통의 원인은 고정되고 독립된 그리고 항상한 내가 실체로서 존재한다는 전도(顚倒)된 몽상(夢想: 뒤바뀐 생각) 때문입니다. 그러므로 반야심경에서 말씀하시길 "삼세의 모든 부처님과 보살이 반야바라밀을 의지하여 전도된 몽상을 뻥 차버리고 있는 그대로의 세상[苦·空·無常·無我]을 직관함으로써 끝내는 열반에 이르렀다."라고 하신 것입니다.

4.

불교에서 말하는 생명이란 마음을 말하는 것이요, 불교에서 말하는 우주 또한 마음을 말하는 것입니다.

편집자가 뽑은 한 문장

당신의 마음에 들어온
한 문장은 무엇인가요?

네 번째 편지

大乘正宗分

佛告須菩提 諸菩薩摩訶薩 應如是降伏其心 所有一切衆生之類 若卵生 若胎生 若濕生 若化生 若有色 若無色 若有想 若無想 若非有想非無想 我皆令入無餘涅槃 而滅度之 如是滅度無量無數無邊衆生 實無衆生得滅度者 何以故 須菩提 若菩薩 有我相 人相 衆生相 壽者相 卽非菩薩

부처님께서 수보리에게 말씀하십니다. "모든 보살마하살들은 마땅히 이와 같이 그 마음을 다스려야 한다. 있는 바 일체 모든 생명을 가진 존재들인, 알에서 태어난 생명, 태를 빌려서 태어난 생명, 습한 기운을 빌려 태어난 생명, 스스로 변화해서 태어난 생명들과 형상이 있는 생명이거나, 형상 없는 생명이거나, 분별이 있는, 혹은 분별이 없는 생명, 또는 분별이 있는 것도 아니요, 없는 것도 아닌 생명 등, 모든 생명들을 남김 없는 열반에 들게 하여 제도하겠다는 마음을 내야 한다. 그러나 이와 같이 헤아릴 수 없이 많은 생명들을 모두 제도했을지라도, 사실은 제도되는 중생이 없다고 생각해야 한다. 수보리여, 왜냐하면 만약 보살이 독립된 실체로서 내가 있다는 생각[我相], 개인적으로 윤회의 주체라는 생각[人相], 어떤 실체에 의해서 살고 있다는 생각[衆生相], 개체가 영원한 생명이라는 생각[壽者相]등이 있으면 곧 보살이 아니기 때문이다."

여기서 본문으로 들어가기 전에 불교철학의 생명관과 우주관을 먼저 살펴보도록 하겠습니다. 화엄경 사구게(四句偈)입니다.

강해

若人欲了知 약인욕요지
三世一切佛 삼세일체불
應觀法界性 응관법계성
一切唯心造 일체유심조

게송

만약 우주의 처음과 끝을 알고 싶다면,
삼세의 모든 부처님이 그러했듯이
마땅히 법계의 성품을 살펴보아야 한다.
그 모든 것은 오직 마음으로 이루어져 있다.

불교에서 말하는 마음은 매우 포괄적 개념입니다. 흔히 '마음이 아프다.' 또는 '마음을 잘 써야 한다.' 혹은 '마음을 닦는다.'와 같이 주로 사람의 생각 또는 감정을 나타낼 때 쓰입니다. 그렇지만 불교에서 말하는 마음은 공·성·상(空·性·相)이라 하여 생명실상의 근본[心體]과 그것의 성품[心性]과 그것들의 모습[心相]까지 포괄하여 말합니다. 여기서 말한 공(空)은 어떤 개념일까요? 거기에 대하여 나가르주나(용수)의《보리심론》에서 발췌하고 요약하셨다고 밝히신 금타선사의〈보리방편문〉에서는 다음과 같이 말하고 있습니다.

"心은 虛空과 等할새 片雲隻影이 無한 廣大無邊의 虛空的 心界를 觀하면서 淸淨法身인달하야 毘盧遮那佛을 念하고."

현대어로 옮겨보겠습니다. "마음은[心體] 허공과 같아서 한 조각 그림자의 흔적이나 흐림이 없다. 이와 같이 끝도 가도 없는 허공과 같은 마음 세계를 청정법신(淸淨法身)이라 하니 이 세계를 비로자나불로 생각해라."

이것이 공(空)의 체(體)입니다. 공은 체(體)로서의 공과 용(用)으로서의 공을 나누어서 설명하기도 합니다. 원칙적으론 '체즉용(體卽用)이요 용즉체(用卽體)'라 하여 둘의 구분이 없지만 필요에 의해서 구분하기도 합니다. 공의 개념 중 '연기공성'의 공은 공의 용을 말하고 '중도실상'의 공은 공의 체를 말합니다. 이처럼 공의 체는 참으로 비어 있는 세계(眞空)를 말합니다.

다음 성(性)의 개념을 볼까요,
"此 虛空的 心界에 超日月의 金色光明을 帶한 無垢의 淨水가 充滿한 海象的 性海를 觀하면서 圓滿報身인달하여 盧舍那佛을 念하고"

자, 현대어로 옮겨 보겠습니다. "이와 같은 광대무변한(끝도 가도 없는) 허공과 같은 마음 세계에 해와 달보다 밝은 금색광명을 띤 무구(無垢,직역하자면 '티끌' 또는 '때 없는'이란 뜻이 되겠으나, 개인적 체험에 의하면 '틈이 없는'이란 뜻도 포함합니다.)의 청정한 물의 성품이 가득 찬 바다의 모습과 같은 불성의 바다를 원만보신이라 하니 이 세계를 노사나불이라 생각해라."

사실로써 말하자면 우리가 깊은 삼매 가운데서 체험할 수 있는 세계는 성품의 세계입니다. 이것을 현대 물리학 용어로는 양자 상태라고 합니다. 허공과 같다고 하는 심체는 자각과 인식이 미치지 아니한 세계입니다. 허공이 제 스스로 허공이라고 자각할 수는 없는 것 아니겠습니까? 그 허공과 같은 세계에(심체) 양자 상태의 에너지가 가득 차 있습니다. 우리가 색즉시공 공즉시색 할 때의 공은 사실 이 상태를 말하고, 정신과 물질의 구분이 없는 것으로 양자 상태일 때입니다. 엄밀히 말하면 불교철학에서는 물질과 정신을 구분하지 않습니다. 현대 물리학에서도 물질과 정신을 다만 파동의 양상으로 보는 견해가 지배적입니다.

불교에서는 체와 성을 진공묘유(眞空妙有) '참으로 빈 가운데 묘한 에너지로 가득 차 있다.'란 표현으로 묶어 사용하고 있습니다. 다음 심상(心相)의 개념을 살펴보겠습니다.

"內로 念起念滅의 無色衆生과 外로 日月星宿 山河大地 森羅萬象의 無情衆生과 人畜 乃至 蠢動含靈의 有情衆生과의 一切衆生을 性海無風, 金波自通인 海中漚로 觀하면서 千百億化身인달하야 釋迦牟尼佛을 念하고,"

현대어로 옮겨 보겠습니다. "안으로 생각이 일어나고 생각이 없어지는 모양(형태) 없는 생명과 밖으로 해, 달, 별과 산, 들, 강과 같은 만 가지 모습을 지닌 일체 감정과 생각이 없는 생명과 사람, 짐승, 벌레 할 것 없이 자각 있는 모든 생명들을, 성해(性海,금빛 에너지로 가득찬 모양이 바다와 같다 해서)에서 바람 없이 저 스스로 일어나는 파도와 같다고 보면서 천 백억의 화신으로 받아들이고 그것을 석가모니불이라 생각해라." 이것이 불교의 생명관입니다.

불교철학에서는 유정(有情) 생명뿐 아니라 산, 들, 바다, 지구, 별과 같이 무정(無情)들도 생명으로 봅니다. 생각 하나하나가[無色衆生] 양자상태[空性]로부터 일어나고 사람, 짐승, 산, 들, 바람 할 것 없이 일체 드러난 모든 현상이 양자의 변화, 즉 화신이라는 뜻입니다. 개체 하나하나는 따로따로인 것 같지만 전체로는 양자의 변화된 모습들인 것이지요. 결국 화엄경 사구게에서 말한 우주의 시작과 끝이 이것이고(엄밀히 말하면 시작과 끝이 없음. 불교철학은 시작과 끝을 사이클링 즉 순환구조로 봄.) 삼세의 모든 부처님도 이것이고, 법계의 성품이라는 것도 이것을 가리키며, 일체유심조 또한 이것을 말합니다. 반야심경에서 공중(空中)도 이것을 말하고 있습니다. 결국 우리가 정혜(定慧)를 닦는 것도 이것을 체험[證智]하기 위해서입니다. 이것을 체험하는 것이야말로 참으로 함께하는 흐름에 드는 것입니다.

그러나 그 체험이 일상성을 떠나서 있는 것은 아닙니다. 예를 들어 보겠습니다. 바다가 있습니다. 바다를 양자상태[性海]라 보고, 수없이 일어나고 사라지는 파도들을 화신(化身), 즉 개체로 봅시다. 그 개체 하나하나는 바다로부터 일어납니다. 여기서 그 개체 중 하나가 자기의 존재가 독립되고 고정된 존재가 아니라 바다로부터 여러 가지 조건에 의해 일어나는 바다의 움직임의 일부분이라는 자각과 함께 독립된 개체라는 생각[我相]을 놓아 버리고 전체로서의 바다가 되었다고 칩시다. 그렇다 해서 파도가 안 일어납니까? 그래도 파도는 쉼 없이 계속 일어나고 사라집니다.

다만 바다라는 전체가 되어 파도로 작용하는 삶을 사느냐, 아니면 파도라는, 한정된 개체로 사느냐 이것의 차이가 있을 뿐입니다. 보고 듣고 작용하는 일상성 이대로가 진여실상이지 이것을 떠난 특별한 상태로 진여실상이 존재하는 것은 아닙니다. 이쯤에서 지난번 장에서 보았던 아함경 구절을 다시 한번 봅시다.

"그것은 그 주위의 모든 것을 받아들이면서 유유히 한없이 흘러가는 커다란 강물과 같은 것이다. 그 흐름이 멈추면 순간도, 찰나도, 그 다음도 없다. 그러나 그것은 계속 흘러간다. 브라만이여, 인간의 삶이란 큰 강과 같은 것이다."

"그 흐름이 멈추면 순간도 찰나도 그 다음도 없다."고 말씀하십니다. 반야심경의 "공한 가운데는 모양도 없고, 느낌도 없고, 인식도 없고, 의도도 없으며 앎도 없다."라는 말씀과 연결되지 않나요? 그러나 엄밀히 말하면 멈춤이란 없습니다. 다만 멈춤이라는 표현으로 그 어떤 상태를 일컬을 따름입니다. 그 상태란 연속하려는 자아의식의 멈춤을 말합니다. 고타마 붓다께서도 그 자아의식의 연속으로부터 자유로워지셨습니다. 그래서 바다가 되셨습니다. 그렇다고 고타마 붓다가 없어졌습니까? 아닙니다.

전체로서 존재하고 계십니다. 그러나 파도는 찰나도 멈춘 바가 없이 계속 일어나고 사라집니다. 열반은 파도의 멈춤을 말하는 것이 아니며, 파도 스스로 영원하고 독립되고 고정된 실체로서의 존재라는 자아의식의 멈춤을 말하는 것입니다. 그래서 부처님께서는 "그러나 그것은 계속 흘러간다. 브라만이여, 인간의 삶이란 큰 강과 같은 것이다."라고 말씀하고 계신 것입니다. 따라서 불교에서 쓰는 마음이란 개념은 감정, 생각 등을 포함해서 허공적 심계, 그 속에 가득 차 있는 성품, 그것의 변화된 모습인 심상 등을 포함한 일체를 말하는 것입니다. 또 불교에서는 그 셋을 구분지어서 별개로 보는 것이 아니라 공·성·상 일여(空性相 一如)라 하여 하나로 봅니다. 이렇듯 불교에서 말하는 생명이란 마음을 말하는 것이요, 불교에서 말하는 우주 또한 마음을 말하는 것입니다. 그래서 의상조사는 법성게를 통해서 밝히시길 일미진중함시방(一微塵中含十方)이라, 한 티끌 속에 우주를 머금었다고 하신 것입니다. 요즘 쓰는 말로 바꿔서 간략하게 그 뜻을 드러내면 '하나가 전체이고 전체가 하나이다.'라는 말로 표현할 수 있겠습니다.

이와 같이 하나하나를 독립시켜 보면 제 각각의 성품과 모습을 지닌 것처럼 보이지만 전체로 보면 한 흐름 속에 녹아 있는 것입니다. 보살과 범부의 차이는 '개체로 사느냐 전체로 사느냐'입니다. 전체로 살면 모든 갈등과 분열의 원인인 에고(ego)가 사라집니다. 그 마음을 '포근함'이라고 하고, '따뜻함'이라 하고, 비어있는 마음, 열려있는 마음, 함께하는 마음이라고 하는 것입니다[慈悲喜捨]. 반대로 나라는 것을 내세워 살면 분열의 삶, 갈등의 삶, 닫힌 삶, 제한되고 한정된 삶, 중생의 삶이 되겠지요.

5.

빛은 지혜입니다. 그 지혜의 쓰임을 자비 또는 사랑이라 부를 수 있을 것입니다.

편집자가 뽑은 한 문장

당신의 마음에 들어온
한 문장은 무엇인가요?

_____

_____

_____

_____

_____

_____

_____

다섯 번째 편지

강해

본문으로 들어가 보겠습니다. 부처님께서 말씀하십니다. "모든 보살마하살은 마땅히 이와 같이 그 마음을 다스려야 한다." 보살마하살은 무슨 뜻일까요? 보살은 보리살타 즉 보디사트바의 한자(漢字) 음역입니다. 보디는 깨달음이라는 뜻이며 사트바는 중생이라는 뜻입니다. 글자 그대로 풀자면 깨달은 중생[覺有衆生]이 되겠지요. 여기서 우리가 오해하고 있는 개념을 바로잡을 필요가 있습니다. '중생'하면 흔히 어리석은, 못난 이러한 뜻으로 말하고 받아들이고 있기 때문입니다.

하지만 본래의 뜻은 글자 그대로 생명가진 무리란 뜻입니다. 보살의 반대 개념으로의 중생이 아닙니다. 어떤 경전에서는 중생이라고 번역 하지 않고 생류(生流)라고 번역하기도 합니다. 보살은 그 중생 무리들 중 개체가 아닌, 전체로 하나 되어 사는 중생을 보살이라고 부르는 것입니다.

마하살은 '마하보디사트바'의 준말입니다. '마하'는 '위없이 큰'이란 뜻을 지니고 있습니다. 그렇다면 마하살과 보살은 다른 개념일까요? 그것은 아니겠지요. 한 장면의 다른 모습입니다. 마하살은 보살이 큰 침묵 속에 들어 있는 상태를 말하고 있습니다. 큰 침묵 상태에서는 일체의 분별과 한정이 사라져 침묵(삼매) 자체가 되어 있습니다. 따라서 거기에는 어떤 자각도 소통도 멈추어 있습니다. 이 큰 침묵으로 하나되어 흐르는 상태를 마하보디사트바라고 부르는 것입니다.

큰 침묵의 성품을 잃어버리지 않고 분별과 한정을 지닌 모습으로 나투는 모양을 보살이라 부릅니다. 우리의 삶이란 자기 한정을 가지지 않으면 소통이 불가능합니다. 왜냐하면 생각 하나하나가 자기 한정을 지니고 있기 때문입니다. 따라서 그 생각을 표현한 낱말 하나하나가 자기를 한정하는 힘을 지닐 수밖에 없으며 그 한정을 우리는 분별이라고 부릅니다. 우리의 삶은 분별과 한정 속에서 서로 이해하고 소통하며 살아갑니다. 보살은 소통하는 모습으로 나투는 큰 침묵의 작용을 말합니다. 마하살이 체(體)라고 하면 보살은 용(用)이 되겠지요. 보살이 한정과 분별을 지니지 않는다면 중생들의 인식에 잡히지 않게 되겠지요. 그러나 비록 한정과 분별을 지녔다고 해도 그 근본 체성을 여의지 않기 때문에 한정하지 않는 한정, 분별하지 않는 분별이 되는 것이 보살입니다.

불교에서는 생명의 종류를 크게 유정중생과 무정중생이라 하여 생각이 있는 중생[有想]과 생각이 없는 중생[無想]으로 나누며, 그 모습에 따라 형상 있는 중생[有色]과 형상 없는 중생[無色]으로 나누고, 거기에 생각이 있다고 하기도 그렇고 없다고 하기도 그러한 중생[非有想非無想]으로 나눕니다.

유정중생의 생성으로는 크게 네 가지로 분류하여 설명하고 있는데요, 그 하나는 태를 빌려 태어나는 중생[胎生], 그 둘은 알을 빌려 태어나는 중생[卵生], 그 셋은 습한 기운을 빌려서 태어나는 중생[濕生], 그 넷은 스스로 변화하여 존재하는 중생[化生]으로 설명하고 있습니다. 태생과 난생에 관해서는 잘 알고 계실 것이고 습한 기운을 빌려 태어나는 것이 무엇일까요? 예를 들면 효모, 박테리아, 곰팡이들이 여기에 해당되지 않을까요? 스스로 변화하여 존재하는 중생들에는 무엇이 있을까요? 쉽게 우리가 인식할 수 있는 귀신, 천상인간들이 대표적인 예라고 할 수 있겠지요. 무정중생은 산, 들, 바람, 구름, 별, 해, 달, 바다, 강과 같은 것들을 말합니다. 그러면 유정도 아니고 무정도 아닌 중생들은 무엇이 있을까요? 그것은 풀, 나무 등과 같은 식물들이 그것입니다.

이와 같이 불교에서 말하는 생명 또는 중생이란 유정과 무정, 유상과 무상, 비유상비무상 등을 총괄하여 부르고 있는 것입니다.

다시 본문을 살펴보겠습니다. 부처님께서 말씀하십니다. "모든 생명을 남김 없는 열반에 들게 하여 제도하겠다는 마음을 내야 한다."고. 여기서 기독교 성경 내용을 잠시 살펴보겠습니다. "믿음과 소망과 사랑 중에 그중에 제일은 사랑이라." 여기서 믿음은 사랑에 대한 믿음이고 소망은 사랑에 대한 소망이라 할 수 있을 것입니다. 믿음과 소망은 수단이요 사랑은 목적이 되는 것입니다.

그러나 지금 기독교는 어떠한가요? 수단과 목적이 뒤바뀌어 행해지고 있지요. 목적은 사라져 버리고 수단만을 강조하는 현실을 누구도 부인하지 못할 것입니다. 소망은 사랑을 드러내기 위한 소망이요, 믿음은 그 사랑이 구원이라는 믿음이어야 하겠지요. 그리스도의 말씀을 정확히 이해한다면 사랑이 그리스도요, 사랑이 하느님인 것입니다. 그리스도의 영어 음역은 크라이스트입니다. 인도에서는 신의 화신을 크리슈나라고 부릅니다. 크라이스트, 크리슈나 뭔가 닮은 점이 느껴지지 않나요? 그렇습니다. 크라이스트의 어원은 크리슈나로부터 왔습니다. 우리나라 말로 의역을 하자면 빛의 무리라는 뜻입니다.

빛은 지혜입니다. 그 지혜의 쓰임을 자비 또는 사랑이라 부를 수 있을 것입니다. 우리 생명의 실상은 한량없는 네 가지 마음인 사무량심(四無量心)인데요, 따스한 마음인 자(慈), 연민의 마음인 비(悲), 함께 기뻐하는 마음인 희(喜), 비어있는 마음인 사(捨)입니다. 그런데 이 생명의 실상이 전도된 몽상인 아상(我相)에 의해 가려져 있는 것입니다. 이 아상은 실체적 진실이 아닌 전도된 몽상, 즉 허상이기 때문에 실상인 사무량심이 드러나면 곧 사라집니다.

그렇기 때문에 부처님께서 "모든 생명들을 남김 없는 열반에 들게 하여 제도하겠다는 마음을 내야 한다."고 하신 말씀은 아상에 맞추어진 초점을 거두어들여 우리 본래의 모습인 사무량심에 맞추게 되면 허상인 아상은 그 뿌리가 없기 때문에 저절로 사라진다고 이해할 수 있을 것입니다.

바꾸어 설명하자면 '위없는 깨달음에 관한 마음을 낸 사람(사무량심에 초점이 맞추어져 있는 사람)이 그 마음에서 벗어나려 하거나 벗어났을 때 어떻게 해야 합니까?'라는 질문에 대하여 근원을 벗어난 상태와 싸우지 말고, 근원으로 돌아와 의지하라는 말로도 설명이 가능합니다.

비유하자면 우리가 어떤 악몽을 꾸고 있다고 합시다. 꿈 속에서 나를 괴롭히는 무리들이 있다면 아무리 그들과 싸워도 그 괴롭힘으로부터 자유로울 수가 없습니다. 유일한 방법은 꿈으로부터 깨어나는 일이겠지요. 깨어나면 그 괴롭힘은 실체적 진실이 아닌 뿌리 없는 허상임을 알게 될 것입니다.

이어서 본문을 살펴보겠습니다. 부처님께서는 말씀하고 계십니다. "그러나 이와 같이 헤아릴 수 없이 많은 생명들을 제도했을지라도, 사실에 있어서는 제도되는 중생은 없다고 생각해야 한다. 수보리여 왜냐하면 만약 보살이 독립된 실체로서 내가 있다는 생각[我相], 개인적 윤회의 주체라는 생각[人相], 어떤 실체에 의하여 살고 있다는 생각[衆

生相], 개체가 영원한 생명이라는 생각[壽者相]등이 있으면 곧 보살이 아니기 때문이다."라고.

사무량심으로 하나되어 있을 때는 자타(自他)가 없습니다. 보살이란 사무량심으로 하나되어 있는 사람입니다. 하지만 제도하는 나[我相]와 제도되어야 할 대상이 있다면, 나와 남을 분별하게 되므로 곧 보살이 아닙니다. 나와 남은 사실로서 존재하는 것이 아니라 분별과 한정이라 불리는 업의 성품에 의해서 이루어진 허상입니다. 따리서 보살은 허상 속에 허상으로 나투어 중생을 제도하되 그 본성이 하나임을 여의지 않고 있기 때문에 중생을 제도하되 제도한 바가 없는 것이 되는 것입니다.

또한 보살은 항상 그 본성을 여의지 않기 때문에 가되 간 바가 없고 오되 온 바가 없으며 말하되 말한 바가 없습니다. 그래서 부처님께서 열반경에 이르시길 "여래가 사십오 년 동안 법을 설하였으되 사실은 한 마디도 법을 설한 바가 없다."라고 하신 것입니다.

여기서 잠깐 고대 인도인들의 범아일여(梵我一如) 사상인 아트만과 브라만 사상에 대해서 살펴보도록 하겠습니다. 인도인들은 고정불변한 내가 있다고 믿어 왔습니다. 그것을 그들은 아트만이라 부릅니다. 우리말로 하면 아상이겠지요, 그 아트만에 업(까르마)이 두텁게 덮여있어서 그 업의 두께만큼의 과보로 육도에 윤회하며, 사람은 인도의 고유 계급인 브라만, 크샤트리아, 바이샤, 수드라 그리고 그 계급에도 미치지 못하는 불가촉천민인 하리잔으로 나뉘어 태어난다고 믿어왔습니다. 따라서 수없이 많은 삶을 윤회 유전하면서 업을 씻고 복을 지어서 업에 가려진 아트만을 드러냄으로써 우주와 하나가 된다는 사상이 범아일여(梵我一如) 사상입니다.

아상·인상·중생상·수자상(我相·人相·衆生相·壽者相)은 아트만에 대한 인도인들의 종파별 정의입니다. 아상은 독립되고 고정되어진 실체로서 내가 있다는 생각을 말합니다. 그 고정되고 독립된 실체가 업의 무게에 따라 여러 형태로 유전윤회하고 있고 그 윤회의 주체가 있는데 그 주체의 이름을 인상이라고 부르는 것입니다. 중생상은 우리의 육체가 있고 그 육체 속에 육체를 조종하는 실체가 있다는 생각을 말합니다. 수자상은 그 개체 하나하나가 영원히 없어지지 않고 영속된다는 생각을 말합니다. 이처럼 인상, 중생상, 수자상은 아상의 또 다른 표현이고 종파별 해석일 뿐입니다. 그것들의 근간인 아상이 사라지면 그와 같은 사상은 성립될 수가 없게 됩니다. 나라고 하는 고정불변하고 독립적인 존재가 있다는 전제하에 그와 같은 사상이 성립될 수 있습니다. 고정불변한 나라는 것이 결국 조건과 조건의 만남으로 이루어진 가합이라는 사실을 받아들이게 된다면 인상, 중생상, 수자상은 저절로 사라질 것입니다. 마치 빛이 들어오면 어둠은 제 스스로 물러나듯 말입니다.

　이렇듯 모든 고통과 분별, 힌정의 근간은 나라고 하는 생각입니다. 나라는 생각에 맞추어진 초점을 전체이고 하나인 흐름의 존재에 맞추게 되면 그것이 보살의 삶이고 열려 있는 삶이고 깨어 있는 삶이며 하나 된 삶이 되는 것입니다. 초점이 나라고 하는 생각에 옮겨질 때 마다 즉시 곧바로 알아차려야 합니다. 알아차리게 되면 아상은 뿌리 없는 허상이기 때문에 본래 청정한 실상인 사무량심이 드러나게 되어 있습니다. 구름에 덮여있던 태양이 드러나듯 말입니다.

6.
한 사람 한 사람, 순간순간 일어나는 모든 생각을 일러 중생이라고 할 수 있습니다.

편집자가 뽑은 한 문장

당신의 마음에 들어온
한 문장은 무엇인가요?

_____

_____

_____

_____

_____

_____

_____

여섯 번째 편지

妙行無住分

復次須菩提 菩薩於法 應無所住 行於布施 所謂不住色布施 不住聲香味觸法布施 須菩提 菩薩應如是布施 不住於相 何以故 若菩薩不住相布施 其福德不可思量 須菩提 於意云何 東方虛空 可思量不 不也世尊 須菩提 南西北方 四維上下虛空 可思量不 不也世尊 須菩提 菩薩無住相布施福德 亦復如是 不可思量 菩須提 菩薩但應如所教住

"또한 수보리여, 보살은 마땅히 저 대상[法]에 얽매임 없이 보시를 행해야 한다. 이른바 모양에도 얽매이지 않는 보시를 행해야 하며 소리, 향, 맛, 접촉, 마음의 대상(관념, 기억)에도 얽매임 없이 보시를 행해야 한다. 수보리여, 보살은 응당히 이와 같이 보시를 행해야 하며 어떤 상에도 얽매이지 않아야 한다. 어찌하여 그런가 하면 만약 보살이 상(相)에 얽매이지 않고 보시를 행하게 되면 그 복덕은 감히 생각으로 헤아려 알 수 없기 때문이다. 수보리여, 어떻게 생각하느냐, 동쪽 허공을 헤아려 알 수 있겠느냐?" "헤아려 알 수 없습니다, 세존이시여." "수보리여, 남쪽, 서쪽, 북쪽 허공과 그 사이 네 군데 허공과 위, 아래 허공을 헤아려 알 수 있겠느냐?" "헤아려 알 수 없습니다, 세존이시여." "수보리여, 보살이 상에 얽매이지 않고 보시를 행하게 되는 복덕도 이와 같이 헤아려 알 수 없다. 수보리여, 보살은 반드시 배운 대로 머물러야 하느니라."

강해

  육조단경(六祖壇經)에서는 다음과 같이 말씀하고 계십니다. "무념위종(無念爲宗)하여 무위본체(無爲本體)하며 무주위본(無住爲本)이니라." 즉 "생각 없음을 宗[정점, 시작]으로 삼으며 모양 없음을 본체로 삼고 머무름 없음으로 근본을 삼아야 한다."라고.

  무념, 즉 생각 없음이란, 아무런 생각도 하지 않음을 말하는 것이 아니라 생각이 일어나기전의 상태를 말합니다. 아니, 그것도 옳은 표현은 아닙니다. 생각이 아닌, 생각 밖의 상태, 다시 말하면 생각이 일어나면 곧 알아차리는 각성(覺性)의 상태, 그것을 무념이라고 부릅니다. 그 각성의 상태를 종(宗)으로 삼으라고 말하고 있는 것입니다. 그 각성의 상태는 모양도 색깔도 맛도 냄새도 감촉도 없습니다. 그것은 너와 나도 없습니다. 그것은 우리 전체의 모습입니다. 그 모양 없음[無相]을 본체로 삼으라고 말씀하고 계시며, 그 본체 안으로부터 떠도는 어떤 생각에도 머무름 없음[無住]을 근본으로 삼으라고 말씀하고 계신 것입니다.

생각 하나하나는 분별과 자기 한정입니다. 우리가 사물을 본 순간 직관이 일어나고, 그 다음에 지각이 일어나고, 판단과 추리가 뒤따릅니다. 여기서 지각과 그에 따라 일어나는 판단과 추리에 따라 버리거나 취하려는, 소위 함이 있는 법[有爲法]으로 살게 됩니다. 이 지각과 판단과 추리로부터 일어나는 취사분별(取捨分別)에 얽매이지 않고 곧 알아차려 생각 아닌 곳으로 돌아오면 유위(有爲)의 마음은 저절로 사라집니다. 이것을 무심의 삶 또는 무위(無爲)의 삶이라고 부릅니다.

수행에는 여러 가지 행법들이 있지만, 총섭(總攝)하여 판단하면 그치고[止]와 살피는[觀] 두 가지 일이 전부입니다. 생각이 일어나고 사라질 때 그것을 알아차리는 힘을 관력(觀力) 즉 관하는 힘이라 부르며, 생각이 일어날 때 그 생각을 따라가지 않고 곧 멈추는 힘을 지력(止力)또는 삼매의 힘이라 부릅니다. 우리가 정(定)과 혜(慧)를 쌍으로 닦는다 함도 이를 두고 이르는 말입니다. 수행이란 결국 이 두 가지 힘을 키우는 일입니다. 그렇다고 해서 이 두 가지 힘을 키우는 일이, 함이 있는 행위는 아닙니다. 서두에서 말한 바 있는 무상(無相)을 체로 삼고 무주(無住)를 근본으로 삼아, 생각이 일어나면 일어난 대로, 사라지면 사라진 대로, 그냥 놔두고 지켜보고 따라가지만 않으면, 자기 한정인 분별과 그 집착으로부터 벗어나 무심의 삶, 열린 마음인 지혜의 삶을 살게 되는 것입니다. 이렇듯 유위의 집착에서 벗어나면 대상으로부터 놓여나게 되고 분별하는 마음도 사라집니다. 이렇게 되면 자기 한정과 분별로부터 일어난 나와 남이라는 생각도 사라져, 함께하는 삶, 열려있는 삶을 살게 되는 것입니다. 이것이 보살의 삶입니다.

보살의 삶은 무원이원(無願而願), 즉 원 없는 것이 원입니다. 쉬운 우리말로 옮기면 바라는 것 없는 삶을 바라고 사는 것입니다. 보살의 특징은 완전한 깨달음에 이르러 열반에 들 수 있는 능력이 있지만 중생을 위해서 중생의 기운을 남겨 둡니다. 그렇다고 보살이 함이 있는 삶, 바라는 것이 있는 삶을 사는 것은 아닙니다. 보살은 생각 없음을 종(宗)으로 하여 모양 없음을 본체로 하고 함이 없는 삶을 근본으로 삼아서 중생의 부름에 응하여 나투는 것입니다[應身]. 중생의 삶이란, 자기 한정에 의한 분별적 삶이기 때문에 분별적 인식 속에서만 소통이 가능하니까요.

위와 같은 내용이 조동종의 개조(開祖)인 동산양개 선사와 그의 스승인 운암과의 대화에 잘 나타나 있습니다. 제자가 스승에게 물어 봅니다. "초목(草木)의 법문은 누가 듣습니까?" 스승은 대답합니다. "초목이 듣지, 누가 들어?" 제자가 다시 묻습니다. "그러면 스승님은 초목의 법문을 듣습니까?" 스승은 대답 합니다. "내가 초목의 법문을 듣는다면 네가 내 말을 알아들을 수 있겠느냐? 이런 멍청한 놈, 에~잉 쯔 쯧쯧." 제자는 말합니다. "스승께서 초목의 법문을 듣지 못한다면 저는 스승의 법문을 듣지 않겠습니다." 스승은 대답합니다. "이런 모자란 놈, 사람의 법문도 못 알아듣는 놈이 무슨 초목의 법문씩이나, 못난 놈 같으니라고," 동산은 스승의 그 말에 퍼뜩 알아차림이 있었다고 합니다.

이처럼 중생 업성(業性)의 분별적 형태는 다릅니다. 그래서 보살은 중생의 부름에 응하여 각각의 업에 따라 분별적 형태로 나타납니다. 그렇기 때문에 아상에 얽매여 있는 중생의 부름에 아상을 지닌 모습으로 응한다 할지라도 무념·

무상·무위(無念 無相 無爲)를 바탕으로 한 체를 여의지 않아 실제로는 아상을 지니지 않게 될 뿐만 아니라, 아상을 지님으로써 짓게 되는 중생의 업을 짓게 되지도 않습니다.

이와 같은 즉, 생각 없음을 종으로 한 모양 없음의 근본 체, 즉 심성(心性)이 곧 마음의 성품입니다. 여기에 관한 게송(偈頌) 하나를 볼까요.

게 송

心性無染하야 本自圓成하니
(심성무염 본자원성)
但離妄緣하면 卽如如佛이니라
(단리망연 즉여여불)

마음의 성품은 물듦이 없어서 본래 스스로 원만히
이루어져 있나니
다만, 허망하고 거짓된 것에 대한 얽매임을 벗어나게
되면 곧 그대로가 부처이니라.

무념(無念), 무상(無相)의 체인 심성을 여의지 않음을 함이 없는 삶이라고 부릅니다. 이와 같은 함이 없는 삶을 살게 되면 저절로 허망하고 거짓된 얽매임에서 벗어나게 됩니다. 이렇게 하여 얻어지는 삶이 반야의 삶입니다. 반야의 삶은 함께하여 한 호흡으로 살고, 모양을 짓지 않고, 바라는 것이 없는 것입니다. 그러니 보살의 삶은 곧 원 없는 것이 원인 삶을 말합니다. 이 보살의 삶에는 '내'가 없습니다. 내가 없기 때문에 너도 없습니다. 너와 내가 없음으로 산도, 들도, 바다도, 하늘도, 초목도, 바위도 없습니다. 내가[我相] 비워지면 전체로 하나되어 사는 삶이 들어서게 됩니다. 이것이 '공(空)'의 삶, 즉 비어있는 삶입니다. 이 비어있는 삶은 '생명의 장'이라 하는 한 흐름으로만 존재하기 때문에 어느 것 하나도 버릴 것이 없습니다. 버리고 취할 것이 있다는 것은 중생의 자기 한정인 분별적 업성(業性) 속에서만 가능합니다.

아상을 지닌 중생의 분별 속에서는 내가 있음으로 네가 있습니다. 너와 내가 있음으로 산과 들, 나무와 풀, 바다와 강 등이 따로따로 즉, 전체가 아닌 개체로서 존재합니다. 이 개체로 존재하는 삶에서는 각자 자기 한정인 취사분별적 사고와 이해에 의해서 필요한 것과 필요 없는 것으로, 또는 필요하지도 필요 없지도 않는 것들로, 분별 지어져 나타납니다.

그러나 비어있는 삶, 즉 아상이 사라진 삶에는 전체가 다 드러나 보이기 때문에 모두가 한 생명의 장으로 서로 연결되어 있을 뿐 아니라, 서로 의지하고 의지하는 관계로 존재한다는 것을 알게 됩니다. 이와 같은 관계 지어진 삶을 연기공상(緣起空相)이라고 부릅니다. 그렇기 때문에 모든 것이 다 소중하고 소중할 뿐입니다. 사무량심 즉, 따뜻한 마음, 측은하고 안쓰러운 마음, 함께 기뻐하는 마음, 비워진 마음 등이 저절로 흘러나오게 됩니다.

보살이란 '나' 없는 삶[無我의 삶]을 사는 사람이며, 원(願)없는 삶[無願行, 또는 無所求行]을 사는 사람입니다. 보살의 중생제도란, 나 없는 삶을 사는 사람이 나 있는 삶을 사는 사람을 이끌어 나 없는 삶을 살게 하고, 바라는 것이 없는 삶을 사는 사람이 바라는 것이 있는 삶을 사는 사람의 바라는 바를 들어주는 것입니다. 그러나 보살은 함이 없는 삶을 살고, 모양 짓지 않는 삶을 살기 때문에 중생을 이끌되 이끈 모양이 없고, 중생의 삶을 바꾸되 바꾼 바가 없는 것이 되는 것입니다. 만약 그러한 모양과 함이 있게 되면, 곧 유위의 삶, 유상의 삶을 사는 것이니, 그것은 너와 내가 있는 삶이지 보살의 삶은 아닙니다. 한 사람 한 사람, 순간순간 일어나는 모든 생각을 일러 중생이라고 할 수 있습니다.

이 생각 하나하나는 모두 독립적인 취향과 성향들을 띠고 있습니다. 그것은 이 순간 일어나고 있는 갖가지 중생들의 성향을 말하는 것입니다. 이 가지가지 성향이란 한 사람 한 사람 개인적 인식인 별업(別業)인 동시에 그 시대적 관습과 역사성과 통념을 담고 있는 공업(共業)을 말합니다. 자기 인식인 별업과 사회 인식인 공업이 서로 작용하면서 자기 한정을 짓고 그 한정 속에서 분별지어진 모습을 중생의 갖가지 모습이라고 부릅니다. 이와 같이 각각의 한정된 분별을 중생이라고 부르기 때문에 모든 중생들은 서로가 대상이 될 뿐만 아니라 자기 스스로 중생이라는 견해 속에 놓이게 됩니다.

비유하자면, 파도 하나하나가 바다로부터 일어난 바다의 움직임에 불과하지만 파도 하나하나가 스스로 일어난 모양에 집착하여 개체라는 견해에 놓이듯 말입니다. 한 파도가 모양에 집착해서 가졌던 개체라는 견해를 벗어나게 되면 전체인 바다로 살게 되듯, 중생도 한정된 견해인 분별이 없어져 무아(無我)가 되는 순간, 동시에 다른 중생들도 제도가 되는 것입니다. 파도가 모양의 집착을 벗어나 바다가 되면 모든 파도가 본래로부터 바다의 움직임에 불과하다는 것을 알게 되듯 말입니다.

7.
사실로 말하자면 보시는 나눔이 아니라 비움입니다.

편집자가 뽑은 한 문장

당신의 마음에 들어온
한 문장은 무엇인가요?

_____

_____

_____

_____

_____

_____

_____

일곱 번째 편지

> 강 해

부처님께서 말씀하십니다. "보살은 대상(法)에 얽매임 없이 보시를 행해야 한다."라고. 이는 보시를 하되 보시를 한다는 마음이 없이 하라는 것입니다. 만약 이와 같이 얽매임 없는 보시[無住相布施]를 행하면 이 보시에는 반야가 따르게 됩니다. 반야란 무아의 삶, 무위의 삶을 말하기 때문입니다. 이 반야 속에는 나도 비어 있고[我空] 대상도 비어 있어서[法空] '보시하는 자'도 '보시한 물건'도 '보시 받는 대상'도 전혀 없습니다. 이것을 반야의 삶을 사는 보살이 행하는, 함이 없는 보시라고 하며 대상에 얽매임 없는 보시[無住相布施]라고 말하고 있는 것입니다.

마음이 일어나고 사라지는 데는 반드시 대상[法]을 필요로 합니다. 대상이 없다면 상대인 '나'도 비어 있게 됩니다. '나'와 상대가 비어 있게 되면[我空法空] 가고 오는 것이 없게 됩니다. 가고 오는 것이 없게 되면 시간과 공간도 사라집니다. 시간과 공간에 대한 분별적 인식 속에서만 나고 죽는 것과 가고 오는 것이 있습니다. 시간이라는 분별적 인식 속에는 과거, 현재, 미래가 담겨져 있습니다. 과거, 현재, 미래는 공간을 동반합니다. 이 공간이 있게 됨으로 가고 오는 것이 있으며, 가고 오는 것이 있게 됨으로 가고 오는 대상과 내가 있게 됩니다. 나와 대상이 있음으로 보시를 행하는 나와 받는 상대가 있게 됩니다.

그러나 반야의 삶 즉, 비어 있는 삶을 살게 되면, 위와 같은 분별적 자기 한정이 사라지게 되므로 보시하는 '나'와 '보시물'과 '보시의 대상'이 없습니다. 주고받을 것이 없는 한 흐름, 동시 전체로 열려있게 되는 것입니다. 사실로 말하자면 보시는 나눔이 아니라 비움입니다. '나'를 비우고 '대상'을 비우는 것이 보시입니다. 나와 대상이 비게 되면 반야가 드러납니다. 매순간 이렇듯 반야가 살아 있는 삶이 보살의 삶입니다.

불교에서 중요한 수행 덕목이 여섯 가지 바라밀행입니다. 바라밀행은 열반이라는 목표를 얻기 위한 과정 또는 수단으로 여겨지고 있습니다. 하지만 사실 바라밀행은 수단인 동시에 결과입니다. 바라밀을 행함으로써 열반에 이르게 되는 것이 아니라 바라밀행 자체가 열반인 것입니다. 다만 바라밀을 행함으로써 열반에 이른다고 설명하기도 하는 것은 자기 한정인 분별을 체로 삼고 살아가는 사람들을 위한 설명입니다. 그렇더라도 바라밀을 행하는 그 과정이 비움 자체여서 자기 한정인 분별적 삶이 사라지고 동시 전체로 함께하는 삶이 열리는 것입니다. 이 비어 있는 삶, 열려 있는 삶, 함께하는 삶이 열반입니다.

여섯 가지 바라밀행 중의 첫 번째 덕목이 보시 바라밀행입니다. 이 보시 바라밀을 다시 세 가지로 나누어 설명합니다. 재시(財施), 법시(法施), 무외시(無畏施)가 그것입니다. 재시란 물질의 나눔입니다. 이 나눔은 대상에 얽매이지 말고 행하며, 모양과 소리에도 얽매이지 말고 행하며, 맛과 닿음의 느낌에도 얽매이지 말고 행하라고 부처님께서는 말씀하고 계십니다. 이렇게 매인 바 없는, 머무는 바 없는, 행한 바 없는 나눔을 비움이라고 합니다.

왜 그런가 하면, 자기 한정인 분별적 세계 속에서는 내가 있고 상대가 있는 삶이었지만 전체로 하나 되어 흐르는 삶에서는 나누는 나와 나누어야 할 물질과 나눔의 대상이 있을 수가 없기 때문입니다. 이와 같이 비움으로 열리게 되는 반야의 삶이 법시(法施)입니다. 이 법시 속에서 두려움이 없이 포근하고 따뜻한 마음으로 사는 삶을 무외시(無畏施)라고 합니다. 이 두려움 없는 삶[無畏施]은 완전한 자기 비움 속에서만 살아납니다. 그것은 진실한 이해와 사랑을 선행한 자비입니다. 이렇게 행하는 보시바라밀이 무주상보시(無住相布施)이며 무소주보시(無所住布施)가 되는 것입니다. 부처님께서는 말씀하고 계십니다. "보살은 반드시 이와 같이 보시를 해야 하고, 어떤 생각에도 얽매이지 않아야 한다."라고

어떤 삶을 살아야 보살의 삶이고, 어떤 삶을 사는 것을 보고 중생의 삶이라고 부를까요? 중생이 중생인 까닭은 분별과 자아의식의 상(相)에 있습니다. 반대로 보살이 보살인 까닭은 분별과 자아의식의 상을 벗어나 무아의 삶, 동시 전체로 하나 되는 삶을 살고 있기 때문입니다. 자기 한정을 통한 분별의 삶을 사는 중생은 싫은 것이 있고 좋은 것이 있습니다. 그렇기 때문에 버릴 것이 있고 취할 것이 있습니다. 취하고 버림으로 말미암아 갈등과 분열이 있습니다. 분열은 분열을 낳고 그 분열들은 고통을 수반합니다. 이 세계의 삶에는 내가 있고 상대가 있으며, 그렇기 때문에 네 것이 있

고 내 것이 있습니다. 이러한 삶을 사는 중생에게 있어서 나눔[布施]이란, 내 것을 너에게 주고, 네 것을 내가 나누어 받는다는 생각에 얽매여 있습니다. 때문에 대상과 모양에 얽매여 나누며, 소리와 맛, 냄새와 감촉, 그리고 생각들에 얽매여 나누고 있는 것입니다.

반대로 보살의 나눔[布施]은 비움입니다. 무아의 삶을 사는 보살에게 있어 너와 나는 없습니다. 보살의 삶에는 싫은 것과 좋은 것이 없습니다. 때문에 버릴 것과 취할 것이 따로 존재하지 않습니다. 그러므로 갈등과 분열이 없습니다. 보살의 나눔이란 두려움 없이 포근하고 따뜻한 마음으로 함께 사는 것을 말합니다. 보살의 나눔에는 자아의식도 없고 분열과 갈등도 없습니다. 또한 너도 없고 나도 없습니다. 따라서 나누어야 할 대상도 주어야 할 나도 없습니다. 그래서 보살의 나눔을 비움이라고 하는 것입니다. 그래서 "보살의 보시는 반드시 이와 같이 해야 한다."고 부처님께서 말씀하고 계신 것입니다.

또한 보살이 이와 같은 보시를 행하기 위해서는 "어떤 생각에도 얽매이지 않아야 한다."라고 부처님께서는 말씀하십니다. 어떤 삶이 생각에 얽매이지 않는 삶일까요? 이와 같은 삶을 살기 위해서는 반드시 선행되어야 할 것이 있습니다. 그것은 전도된 몽상으로부터 벗어나는 일입니다[遠離顚倒夢想]. 전도된 몽상 속에는 자기 한정으로부터 나타나는 분열, 갈등, 취사, 애증 등의 이분법적인 분별이 삶으로 드러납니다. 그러나 이 몽상은 말 그대로 몽상일 뿐이어서 실체로서 존재하는 것이 아니라, 다만 허상으로 존재할 뿐임을 알아야 합니다. 그러기 위해서는 허상이 아닌 진여실상에 대한 이해가 필요하겠지요. 여기서 잠깐 달마조사의 말씀을 살펴보겠습니다.

"무릇 도에 들어가는 방법은 여러 가지가 있을 수 있겠으나 결국은 두 가지로 모아진다. 그 하나는 진리를 이해하는 일이요, 둘은 이해를 바탕으로 실천하는 일이다. 진리를 이해한다는 것은 무엇인가, 그것은 경전에 의하여 도의 대본(大本)을 알고, 사람은 범인(凡人)이나 성인(聖人)이 모두 평등하게 진실의 본성을 가지고 있다는 것을 확신하는 것이다. 다만 외적인 망상[顚倒夢想]에 가려져 뚜렷이 드러나지 않고 있을 뿐이다. 망상을 쉬고 진실[眞如實相]에 돌아와 의지하며 굳건히 벽관(壁觀)에 머무르면 나도, 남도, 범인도, 성인도 하나이다."라고 하십니다.

조사(祖師)께서는 "도의 대본(大本)을 알고"라고 하십니다. 도의 큰 근본은 무엇일까요? 그것은 누차 강조해서 말씀드린 고·공·무상·무아(苦 空 無常 無我)의 네 가지 법인(法印)입니다. 이것이 진여실상입니다. 이 진실에 돌아와 의지하라고 하십니다. 반야심경에서는 이 진여실상을 아뇩다라삼먁삼보리심(阿耨多羅三藐三菩提心)이라고 표현했습니다. "삼세의 모든 부처님도 이 아뇩다라삼먁삼보리심에 의지한 까닭으로 전도된 몽상을 벗어나서 열반에 이르렀다."고 하십니다. "도의 대본(大本)을 알고"가 이해라면 (달마조사는 理入이라는 표현을 썼음) 그 실전은 벽관(壁觀)에 굳건히 머무르는 일입니다(조사는 行入이라는 표현을 썼음). 벽관이란 무슨 뜻일까요? 그것은 정혜(定慧) 또는 지관(止觀)의 다른 말입니다. 정(定)은 (止)와 같은 말이요, 관(觀)은 혜(慧)와 같은 말입니다. 정이 진여실상의 체라면 혜는 진여실상의 작용입니다.

생각이 일어나서 그 생각에 얽매이려는 순간 곧 알아차림이 혜(慧)요, 관(觀)입니다. 이 알아차림에 돌아와 잊어버리지 않는 것을 지(止) 또는 정(定)이라고 부릅니다. 이렇게 사는 삶을 생각에 얽매이지 않는 삶 즉, 응무소주(應無所住)라고 부릅니다. 우리가 이러한 삶을 살 수 있는 것은 몽상은 몽상일 뿐이기 때문입니다. 빛이 들어오면 어둠은 저절로 사라지듯, 실상을 대하게 되면 허상은 저절로 사라지게 되니까요.

하지만 진여실상에 대한 이해가 없이는 설혹 알아차림이 있더라도, 싫은 것과 좋은 것이 있으므로 취하고 버리려는 분별심이 작용합니다. 때문에 일어나는 생각생각 마다, 이리 재고 저리 재는 분별이 생겨나니 돌아와 그치는[止, 定] 행이 따르지 않게 됩니다. 사물을 보는 순간 사물과 하나가 되는 직관 상태를 지나 자기 한정으로 인한 분별이 점점 일어나는 것입니다. 진정한 보시는 직관으로부터 벗어나서 한정을 짓는 자기를 버리는 것, 한정인 대상을 버리는 것, 그것으로부터 일어나는 취사하고 분별하는 마음을 버리는 것입니다. 이렇게 자기 버리기가 되면 빈 마음이 됩니다[無心]. 빈 마음은, 아무것도 없는 마음을 빈 마음이라고 부르는 것이 아니라, 두려움 없는 마음, 분별없는 마음을 빈 마음이라고 부르며, 거기에는 따뜻하고 포근함으로 가득 차 있습니다.

이와 같이 두려움 없는 마음, 포근하고 따뜻한 마음으로 함께 사는 삶이 생각에 얽매이지 않고 행하는 보살의 보시[應無所住 行於布施]가 되는 것입니다.

부처님께서는 이와 같이 보시를 행해야 하는 까닭을 "보살이 생각에 얽매이지 않고 보시를 행하면 그 복덕을 헤아릴 수 없기 때문이다."라고 말씀하십니다. 잘못 해석하면 마치 보시를 행하는 것이 복덕을 받기 위한 것으로 여기기 쉽습니다. 그러나 여기서 말하는 복덕이란, 유위적 행위에 대한 결과물인 복(福)이 아니라 별업(別業)으로부터 해탈인 '자기 열림'과 공업(共業)으로부터 해탈하는 '사회 열림'을 말합니다. 별업과 공업으로부터 해탈은 열반이며, 열반이 헤아릴 수 없는 복덕인 것입니다. 보시는 빈 마음으로 사는 것이니, 무심으로 사는 것을 한량없는 복덕을 받는다 합니다. 빈 마음으로 사는 것이 열반이기 때문입니다. 열반이란 우주와 하나 되어 사는 삶이니, 받고 얻는 대상이 아니라 보살의 삶 자체가 복덕입니다.

부처님께서는 말씀하십니다. "보살은 배운 대로 살아야 한다."라고. 보살의 배운 바는 어떤 것일까요? 이 말을 듣고 있자면, 자칫 '가르치는 자'와 '가르칠 법'과 '배우는 자'가 따로 있는 것처럼 들리기 쉬운데요, 그러나 보살의 배움이란 나도 없고, 너도 없으며 부처도 없고, 중생도 없는 법으로서 다만 부처님 법이라고 부를 뿐입니다. 만약 부처님 법이라고 하는 정해진 법이 있다면 이 또한 부처님 법이 아닙니다. 부처님 법은 정해진 법이 없는 것을 부처님 법이라고 부르고 있을 뿐이며, 이 법을 배운 바 없이 배우는 것이 보살의 배움입니다.

8.
무심이란, 마음이 없다는 말이 아니라 열린 마음, 하나되는 마음을 말합니다.

편집자가 뽑은 한 문장

당신의 마음에 들어온
한 문장은 무엇인가요?

여덟 번째 편지

如理實見分

須菩提 於意云何 可以身相 見如來不 佛也世尊 不可以身相 得見如來 何以故 如來所說身相 卽非身相 佛告須菩提 凡所有相 皆是虛妄 若見諸相非相 卽見如來

"수보리여, 어떻게 생각하느냐, 몸이라는 모양으로 여래를 볼 수 있겠느냐?" "그렇지 않습니다, 세존이시여, 몸이라는 모양으로는 여래를 볼 수 없습니다. 어찌하여 그런가 하면, 여래께서 말씀하신 몸의 모양이란 몸의 모양이 아니기 때문입니다." 부처님께서 수보리에게 말씀하셨습니다. "존재하는 모든 모양은 다 허망하다. 만약 모든 모양이 모양 아님을 본다면 여래를 보리라."

강 해

 몇 년 전 지인들과 더불어 찻집에 간 적이 있었습니다. 그곳 벽에, 부루나 존자가 그렸다고 전하는 석가모니 부처님의 진영이 걸려 있었는데요, 흔히 우리가 상상하고 있는 온화하고 자비로운 모습이 아닌, 눈매가 날카롭고 강인해 보이는, 오히려 무사 같은 기운을 풍기는 그림이었습니다. 동반한 지인들은 하나같이 실망한 표정을 감추지 않았습니다. 그분들은 스스로 인식하지 못한 사이에 부처님을 법당에 봉안된 불상의 모습으로 한정 지어놓고 있었던 것입니다.

 그렇습니다. 우리가 살아가는 데 있어서, 여섯 가지 감각[六根]중 시각적 의존도가 가장 크다고 하는 데는 이견이 없을 것입니다. 여기서 시각적 의존도가 크다는 것을 문제 삼고자 함이 아닙니다. 진정 문제가 되는 것은, 스스로 의식하고 있든 그렇지 않든 간에, 마음속에 각자의 모양으로 성스러움과 불경스러움을 한정 지어 놓고 있다는 사실이 문제입니다. 여래(如來)는 어떤 정해진 모습이 아닙니다. 한정 지어진 형상으로 여래는 없습니다. 여래는 형상 없는 형상으로 존재합니다. 그렇기 때문에 드러난 모든 형상들은 여래의 품 안에 존재합니다. 아니, 이 표현도 사실을 정확히 설명하지는 못합니다. '형상 없는 여래가 각각의 형상으로 변화하여 나투고 있다.'라는 표현이 더 사실에 가까울지 모르겠습니다. 언어란 이미 언어 자체로 한정성을 내포하기 때문에 사실을 설명할 수는 없습니다. 다만 사실에 가깝게 설명할 뿐입니다.

부처님께서는 장로 수보리에게 묻고 있습니다. "몸의 모양[身相]으로 여래를 볼 수 있겠느냐?"라고. 이 질문을 바꾸어 설명하자면 중생들의 마음속에 한정 지어진 모습[三十二相]으로 여래를 볼 수 있겠느냐고 묻고 계신 것입니다. 일반적으로 우리들은 부처님을 특별한 몸의 모양을 지닌 모습[三十二相]으로 한정짓고 있습니다. 이처럼 여래는 중생과 다른 특별한 몸의 모습을 지니고 있다는 생각은 여래를 올바르게 이해하는 것이 아닙니다. 중생의 눈과 생각에 의하여 여래는 중생과 다른 특별한 모습을 지니고 있다고 생각한다면 그 여래는 이미 여래가 아닙니다.

왜냐하면, 특별한 모습이란 중생의 한정 속에 지어진 모습이고, 그 한정 속에서는 또 다른 특별한 모습이 존재할 수 있기 때문입니다. 한정 지어진 특별한 모습에는 그에 상대되는 특별한 모습이 있을 수밖에 없습니다. 전체가 아닌, 상대를 지닌 개체로서의 모습은 이미 중생입니다. 여래란, 모양 없는 모양으로 그 체를 삼고 있기 때문에 모양으로서의 한계가 없습니다. 여래가 중생의 몸 모양처럼 한계를 갖는다면 이미 여래가 아닌 것입니다.

의상 조사는 말합니다. "법의 성품은 원융하여 두 모습이 없다[法性圓融無二相]."고. 만약 여래가 고귀하고 성스러운 모습으로 존재한다면, 그것을 상대하는 성스럽지 못한 모습의 존재가 있을 것입니다. 그렇게 보는 시각은 오직 한정을 지닌 중생의 견해 속에서만 가능합니다. 중생의 견해란, 자기 한정과 그를 통한 분별로 보는 시각을 말하기 때문입니다. 여래께서 말씀하신 몸의 모습이란 모습 없는 몸의 모습을 여래의 몸 이라고 부르고 있을 뿐입니다. 다시 말하자면 원융하여 두 모습이 없는 법의 성품이 여래의 몸인 것입니다.

여래의 몸은 만질 수도 없고 볼 수도 없습니다. 그렇기 때문에 역으로 보면 모든 드러난 현상들이 여래의 변화된 몸일 수 있는 것입니다. 만약 중생의 견해를 가진 사람이 모양 하나하나에 집착하고 분별하는 생각을 벗어 버리면 보살의 견해가 됩니다. 다시 말해서 신상(身相)의 견해를 떠나면 어디서나 여래를 볼 것입니다. 왜냐하면 허상이 아닌 진여실상의 삶이란 늘 열려 있는 상태이기 때문에 언제 어디서 어떤 형태로 변화하여 나투든 간에 늘 여래인 것입니다. 여래란 역사적 인물인 고타마 붓다 일인을 한정 지어서 부르는 말이 아닙니다. 열린 모습의 삶, 무심의 삶이 여래의 삶이고, 그러한 삶의 모습을 여래라고 부르는 것입니다.

보살은 일체 중생을 제도한다는 마음을 낼 때도 무심이어야 합니다. 무심이란 마음이 없다는 말이 아니라 열린 마음, 하나 되는 마음을 말합니다. 여래는 무심으로써 나의 열림인 복과, 사회의 열림인 덕을 함께 갖추고 있습니다. 다시 말해서 별업(別業)과 공업(共業)으로부터 전도(顚倒)된 한정과 분별을 벗어나면, 즉각 나의 열림과 사회의 열림이 일어나고, 그 열림이 복과 덕이지요. 중생의 견해로 인식한 결과는 항상 나와 너의 소유가 상속되는 것으로, 그와 같은 인식을 '자기 한정'이라고 합니다. 이러한 자기 한정 속에는 개체 상속의 자기 한정인 별업과, 시대와 역사의 사회 한정인 공업이 어울려 있습니다. 이 자기 한정과 사회 한정인 별업과 공업으로부터 자유로운 것이 여래입니다.

이렇기 때문에 제도할 대상이 따로 있다거나 그 결과로

복을 얻는다는 생각을 가져서는 옳은 견해가 아닙니다. 또한 여래를 어떤 고귀하고 성스러운 모습을 지닌 상으로 한정시켜서도 안 됩니다. 제도할 대상이 따로 있다면 곧 나와 남을 구분하는 견해에 떨어지는 일입니다. 그것은 중생의 견해일 뿐이니까요. 복덕이라는 것도 어떤 선한 행위의 결과물이 아니고 여래의 삶, 보살의 삶 자체인 것입니다. 또한 여래의 몸이라 부르는 것도 특별히 여래의 몸이 정해져 있는 것이 아니라 모양 없는 모양을 어쩔 수 없이 여래의 몸이라고 부를 뿐입니다. 그래서 부처님께서는 "여래가 말한 바 몸의 모습[身相]이란 곧 몸의 모습이 아니다[如來所說身相卽非身相]."라고 말씀하시는 것입니다.

 즉비(卽非)라는 말은 말 그대로 풀면 '곧 아님'이라는 말이지만, 이것은 곧 이것이 아니라는 뜻이 아닙니다. 여래의 삶 가운데 자기 한정이 일어날 때 곧 그것이 아님을 알아 차려 '즉각 열려 있음' '즉각 깨어 있음'이 되라는 말입니다. 다시 설명하자면 즉비신상(卽非身相)에서 '즉비는 곧 몸의 모습이 아니다.'라고 해석하여서는 안 됩니다. 여래의 몸을 말하면 그 말에 떨어져 어떤 정해진 몸의 모양으로 여래의 몸을 한정 지어 생각하는 그 생각이 아니라는 것입니다. 한정시켜 분별하려는 그 생각을 알아차림이 곧 즉비인 것입니다. 그렇게 되면 마음속에 자기 한정이 일어나더라도 순간적으로 사라지기 때문에, 계속적으로 자기를 한정짓지 않게 됩니다. 생각이 일어나면 일어나는 대로 사라지면 사라지는 대로 그 생각에 얽매임 없이 바라보는 것이 즉비(卽非)입니다.

이렇게 되면 저절로 지혜의 마음이 열리게 됩니다. 보살의 삶 또는 여래의 삶은 무엇을 어떻게 행함으로써 얻어지는 것이 아니라, 그저 멈추면 됩니다. 여기서 멈춤이란, 일어난 현상에 대한 시비(是非)의 멈춤이며 분별과 모습에 대한 한정 짓기의 멈춤입니다. 멈춤은 위의 설명처럼 흐르는 대로 맡겨두고, 다만 따라가지 않으면 됩니다. 일어나면 일어나는 대로, 사라지면 사라지는 대로, 오면 오는 대로 가면 가는 대로 그냥 흘러가게 놔두면 됩니다. 이렇게 사는 삶이 무심의 삶입니다. 무심의 삶이란 어떤 형태를 지닌 삶이 아니라고 말씀드렸습니다. 무심이 어떤 형태를 지닌 마음이라면 필연코 그것을 소유하려는 마음과 그에 따른 집착이 있을 것입니다.

부처님께서 말씀하십니다. "존재하는 모든 모양은 다 허망하다. 만약 모든 모양이 모양 아님을 본다면 곧 여래를 보리라 [凡所有相 皆是虛妄 若見諸相非相 卽見如來]."라고. 이것을 바꾸어 설명하자면, "자기 한정 속의 분별에 의해서 나누어진 삶이란 모두 허망한 것이니, 만일 열린 삶으로 하나 되어 살면 곧 그것이 여래의 삶이다."

이렇듯 여래의 삶이라는 것이 따로 있지 않아서 빈 마음[無心]이 되면, 오고 가는 그 자체가 여래의 삶이라는 말입니다. 따라서 여래는 몸의 모양에서 찾을 수 없거니와 말에서도 찾을 수 없습니다. 또한 어떤 특수한 마음의 상태에서도 찾을 수 없습니다. 다만 일상적인 삶 가운데 나와 너를 구분하는 마음, 분별하는 마음, 어떤 모양 하나하나에 집착하는 마음만 사라지면 그대로 하나 된 삶을 살게 되고, 그것이 여래를 보는 것입니다. 여래를 본다는 말은 어떤 여래의 모습이 정해져 있어서 여래를 본다고 하는 것이 아닙니다. 하나 된 삶을 여래를 본다고 부를 뿐입니다. 하나 된 삶이란 허망한 분별이 사라진 삶을 말합니다.

존재하는 모든 모양[凡所有相]에서 '존재하는 것'이란 자기 한정인 별업(別業)과 사회 한정인 공업(共業)에 의해서 나타난 한정된 특성입니다. 상(相) 자체가 형태를 갖는 것이 아니라 그것들을 대상으로 인식하는 마음이 대상에 집착해서 개별적으로 독립된 상이라고 여긴다는 뜻입니다. 분별하지 않는 열린 마음에서는 상 자체에 상이 없지만 분별하는 마음의 인식에서는 자기 한정으로 상을 상으로 독립시킵니다. 이러한 상은 사유(思惟)에 의한 분별에 지나지 않습니다. 그러니 분별하는 마음만 사라지면 그 마음으로부터 나타나는 허상도 곧 사라지게 됩니다.

수행이란, 매사에 즉비(卽非)가 살아 있음을 말합니다. 분별하는 마음이 조작하여 고정되고 독립된 상이라는 생각이 일어나면 곧 아님[卽非]을 알아차려야합니다. 이렇게 하면 점점 자기 한정인 분별하는 힘은 약해지고, 하나 되어 사는 관하는 힘이 차츰차츰 커집니다. 이것을 수행이라고 합니다. 수행을 하면 몸과 마음의 벽이 엷어지면서 따뜻한 교류가 일어납니다. 그렇다고 분별된 마음으로부터 정해진 상에 대한 집착이 완전히 없어진 것은 아니지만 스스로 한정시켜 놓은 대상이 따뜻한 기운에 얼음 녹아내리듯 점점 녹아내리게 됩니다.

그때야 비로소 집착하고 한정 짓고 분별하는 마음에 의해서 상(相)이 상(相)이 되었다는 것을 확실히 알게 됩니다. 이 체험을 공(空)의 체험, 무아(無我)의 체험이라고 부르는 것입니다. 이렇듯 소유와 한정으로부터 만들어진 모든 모양은 허망합니다[凡所有相 皆是虛妄]. 유위법으로 만들어진 모든 상은 모두 허상임을 아는 것이 상을 상으로 보지 않는 것입니다[若見諸相非相]. 이렇게 사는 삶이 여래를 보는 것입니다[卽見如來].

9.

여기 이 자리에서 참마음을 등지면 말법시대요, 참마음에 합하여 무아의 삶, 무심의 삶을 살면 오늘이 곧 상법시대가 되는 것입니다.

편집자가 뽑은 한 문장

당신의 마음에 들어온
한 문장은 무엇인가요?

아홉 번째 편지

正信希有分

須菩提白佛言 世尊 頗有衆生 得聞如是言說章句 生實信不 佛告須菩提 莫作是說 如來滅後 後五百歲 有持戒修福者 於此章句 能生信心 以此爲實 當知是人 不於一佛二佛三四五佛 而種善根 已於無量 千萬佛所 種諸善根 聞是章句 乃至一念 生淨信者 須菩提 如來悉知悉見 是諸衆生 得如是無量福德 何以故 是諸衆生 無復我相人相衆生相壽者相 無法相 亦無非法相 何以故 是諸衆生 若心取相 則爲着我人衆生壽者 若取法相 卽着我人衆生壽者 何以故 若取非法相 卽着我人衆生壽者 是故 不應取法 不應取非法 以是義故 如來常說 汝等比丘 知我說法 如筏喩者 法尙應捨 何況非法

　장로 수보리가 부처님께 여쭈었습니다. "세존이시여, 훗날 자못 이와 같이 말씀하신 부처님 가르침을 듣고 실다운 믿음을 낼 중생들이 있기나 하겠습니까?" 부처님께서 수보리에게 말씀하셨습니다. "그렇게 말하지 마라. 여래가 열반에 든 후 500년 뒤에도 계율을 잘 지키며 복을 닦는 이들이 있어 이 경의 가르침에 능히 믿는 마음을 낼 것이며 이로써 진실로 여기게 될 것이다. 그러므로 마땅히 알라. 이들은 한 분 부처님, 두 분 부처님, 세 분 부처님, 네 분 부처님, 다섯 분 부처님께 선근을 심는 것만이 아니라, 헤아릴 수 없는 부처님께 이미 온갖 선근을 심은 이들이다. 이들은 이 경전의 가르침을 듣고 오롯하게 한 생각에 이르러 청정한 생각을 낼 것이다.

수보리여, 여래는 이 모든 것을 실답게 알고 실답게 보나니, 이들 중생들은 헤아릴 수 없이 많은 복덕을 받을 것이다. 어찌하여 그런가 하면 이 모든 중생들은 다시는 아상, 인상, 중생상, 수자상이 없으며, 존재로서의 실체가 있다는 생각[法相]도 없으며, 비존재로서의 실체[非法相]가 있다는 생각도 없기 때문이다. 어찌하여 그런가 하면 이 모든 중생들이 마음에 생각[相]을 갖게 되면, 곧 아상, 인상, 중생상, 수자상에 집착하는 것이다. 왜냐하면 만약 존재로서의 실체가 있다는 생각을 갖게 되더라도 아상, 인상, 중생상, 수자상에 집착하는 것이며 비존재로서의 실체가 있다는 생각을 갖더라도 아상, 인상, 중생상, 수자상에 집착하게 되는 것이기 때문이다. 이렇기 때문에 존재로서의 실체가 있다는 생각을 가져서도 아니 되고 비존재로서의 실체가 있다는 생각을 가져서도 안 된다. 이러한 뜻에서 여래는 늘 말해왔다. 너희 비구들은 내가 설한 바 법이 뗏목과 같은 비유인 줄 알아야 한다. 법도 오히려 버릴 것인데 하물며 법 아닌 것을 버리지 않아서야 되겠느냐."

강해

오래 전에 오쇼 라즈니쉬라는 인도 철학자가 쓴 금강경 해설서를 읽은 적이 있습니다. 오쇼는 이 대목에서 '수보리가 조그마한 에고(ego)가 남아 있어서 그와 같은 질문을 했다.'라고 존자 수보리를 평하더군요. 다시 말하자면 부처님을 직접 모시고 살고 있는 그 시대에 제자들은 선근을 많이 심고 복덕을 많이 지어서 이러한 말씀에 믿음을 내서 보살의 삶을 살기도 하는데, 뒷날 복덕을 쌓고 선근을 심어 이 말씀에 믿음을 내는 중생들이 있기나 할까라는 의문이 수보리 존자의 에고라는 것입니다. 수보리 존자의 질문 하나만 갖고 보자면 맞는 말입니다. 그러나 수보리는 이미 아라한 도를 얻어 보살의 삶을 살고 있는 사람입니다. 아라한이란 이미 얻을 것이 없는 도를 이룬 사람을 말합니다. 그러한 수보리에게 과거, 현재, 미래가 따로 있을 수 없습니다. 다만 그렇게 질문한 것은 대중들 중에 그러한 의문이 일어남을 알아차리고 대신해서 그와 같은 질문을 하였던 것입니다.

대중 가운데는 보살의 삶을 살고 있는 사람도 있을 것이고, 범부의 삶에 머물고 있는 사람도 있을 것입니다. 범부의 삶이란 자기를 한정하고 분별하는 삶이어서 과거가 있고 현재와 미래가 있습니다. 그러나 보살의 삶에 있어서 과거와 현재 미래는 없습니다. 따라서 보살의 삶을 사는 수보리에게 따로 미래가 있을 수 없습니다. 다만 수보리의 질문은 알아차림입니다. 다시 말하면 수보리는 우리 마음속 각성으로 대변(代辯)할 수 있습니다. 금강회상 전체가 큰 침묵으로 하나되어 있을 때 그 침묵을 깨려는 이상 기류를 알아차림이 수보리 존자인 것입니다. 따라서 큰 침묵으로 하나되어 있는 마음에 흐름을 거스르는 움직임을 알아차림으로써 수보리는 현재 여기에 살아 있게 되는 것입니다.

"훗날 이와 같이 말씀하신 부처님 가르침을 듣고 실다운 믿음을 낸 중생들이 있기나 하겠습니까?"는 수보리가 의문이 생겨 하는 질문이 아니라 대중들 가운데 과거와 현재 미래를 분별하려는 움직임이 있음을 읽고 돌이켜서 각성시키려는 질문임을 알아야 합니다.

부처님께서는 말씀하십니다. "그런 말 하지 마라, 여래가 열반에 든 후 500년 뒤에도 계율을 잘 지키며 복을 닦는 이들이 있어, 이 경의 가르침에 능히 믿는 마음을 낼 것이며, 이로써 진실로 여기게 될 것이다."라고. 이 말씀은 즉 '나도 없고 너도 없는 데에 한량없는 복이 있다.'는 말씀에 참으로 믿는 마음을 내어 그 가르침에 귀의하는 사람이 있을 것이라는 말씀입니다. 그럴 수밖에 없는 것이 해바라기가 해를 향하고 서 있듯이 우리들 삶의 흐름 자체가 항상 여래를 향해 열려 있기 때문입니다. 비록 그 가르침을 펴신 고타마 부처님께서 열반에 드신 지 비록 오래되었다 할지라도, 아견, 인견, 중생견, 수자견(我見 人見 衆生見 壽者見)을 멈추면 곧 무량한 복덕의 삶인 여래의 삶이 드러나게 되는 것입니다. 여래의 삶이란 가고 오는 것이 아니며 늘고 주는 것도 아닙니다. 부처님 재세시라 하여 더욱 빛나고 열반 후 오랜 시일이 흘렀다 하여 어두워지는 것은 아닙니다. 다른 경전에서 말하는 상법, 말법 시대란 방편의 말씀입니다. 여기 이 자리에서 참마음을 등지면 말법시대요, 참마음에 합하여 무아의 삶, 무심의 삶을 살면 오늘이 곧 상법시대가 되는 것입니다.

범부의 세계에 있어서 시간의 흐름이란 곧 망각을 의미합니다. 우리가 절에 와서 부처님 말씀을 전해 듣거나, 혹은 집에서라도 경전을 들여다 볼 때는 신심을 내어 보살의 삶을 살아야겠다고 다짐하지만, 시간이 흐르면 곧 망각하게 되고 중생심이 쌓이게 되어서, 언제 보리심을 발하기라도 했는지 가물거리게 됩니다. 이때 다시 절에 나가서 부처님 말씀을 전해 듣고 경전을 보면서 처음 내었던 마음(보살의 삶)으로 돌아오는 것입니다.

 불교의 시대사에 있어서도 대략 500년 주기로 이와 같은 현상이 발생합니다. 처음엔 부처님 가르침이 그대로 왜곡됨 없이 살아 전해지고 행해집니다. 그러다 시간이 흐르면서 차츰 매너리즘에 빠져 그 가르침이 왜곡되어 전해지거나 묻히게 됩니다. 하지만 참된 가르침이 사라질 쯤에 새로운 불교 운동이 일어나서 다시 법을 되살리곤 합니다. 불교사를 살펴보면 이러한 흐름의 주기가 대략 500년을 주기로 반복됨을 알 수 있습니다. 부처님께서 말씀하신 '후 500세'도 이를 두고 말씀하신 듯합니다. 그렇다고 해서 여래의 법 자체가 쇠하고 흥하는 것은 아닙니다. 여래의 법은 언제나 그 자리에 그렇게 밝게 빛나고 있을 뿐입니다. 태양을 가리고 있는 구름들이 오고 가는 것과 상관없이 태양은 언제나 제자리에서 밝게 빛나고 있는 것처럼 말이지요. 부처님께서는 말씀하십니다. "그러므로 마땅히 알라, 이 사람들은 한 분 부처님, 두 분 부처님, 세 분 부처님, 네 분 부처님, 다섯 분 부처님께 선근을 심은 것뿐만 아니라, 헤아릴 수 없는 부처님께 이미 온갖 선근을 심은 이들이다."라고. 여기서 한 분 부처님, 두 분 부처님은 오랜 유전윤회 속의 한 성자를 지칭한 말일 수도 있지만, 그렇게 한정지어서 받아들여서는 참으로 올바르게 금강경 말씀을 이해하는 것이 아닙니다. 여래란 가고 옴이 없습니다. 가고 옴이 없는데 과거와 미래가 있을 수 없지요. 여기서 한 분 부처님, 두 분 부처님이란 마음에 즉비[卽非]가 살아 있는 때를 가리키고 있음도 알아야 합니다. 무아(無我)와 무심(無心)의 삶에서 벗어나 자기 한정적 삶의 모습인 취사분별(取捨分別)이 일어날 때마다 곧 아님을[卽非] 알아차려서 다시 무아와 무심의 삶으로 돌아가 의지하는 것, 그것을 일러 한 분 부처님, 두 분 부처님, 세 분, 네 분, 다섯 분 부처님, 무량무수의 부처님 처소에 가지가지 선근을 심었다고 표현하고 있는 것입니다. 즉비(卽非)가 살아 있다는 것은 마음속에 일어난 대상이 일정한 실체를 가진 것이 아니라, 마음의 한정에 의한 그림자임을 스스로 알아차리는 것을 말합니다.

  드러나 있는 모든 상은 고정불변하고 독립된 실체로서의 상이 아닙니다. 다만 조건과 조건의 만남 속에서 이루어진 가합상(假合相)입니다. 이러한 모든 상(相)이 상이 아님을 보는 순간[若見諸相非相]이 스스로 여래가 되는 때입니다. 여래가 되어 있는 삶은 자기 한정인 분별적 삶이 아니라 하나 된 삶, 열린 삶, 동시 전체로써의 삶이기 때문에 산을 보아도 여래와 같이 있고 들을 보아도 여래와 같이 있습니다. 그뿐이겠습니까, 분별적 삶 속에서 빚어진 삼라만상의 모든 형태(形態)와 행태(行態)들이 여래와 같이 있습니다. 이러한 갖가지 형태와 행태들 가운데 즉비가 살아 있는 순간, 여래의 삶이 됩니다. 이것을 헤아릴 수 없는 부처님 처소에서 가지가지 선근을 심었다고 말씀하신 것입니다.

따라서 한 부처님, 두 부처님이란 중생의 분별 속에 나타난 과거의 부처님을 나타낸 표현이 아니라고 할 수도 없지만 진여실상(眞如實相)인 여래의 입장에서 보자면 꼭 그렇지만은 않습니다. 중생이 자기 한정인 분별적 견해로 상(相)을 상으로 한정시켜서 보지 않고, 곧 상이 상(相)이 아님을 보는 때를 가리켜 한 부처님, 두 부처님이라고 말씀하신다는 것을 잊지 말아야 합니다.

또한 "계율을 잘 지키며 복을 닦는 이들이 있어[有持戒修福者]"라는 말씀도 이러한 맥락에서 받아들여야 합니다. 계율이란 무엇일까요? 5계, 10계 또는 출가 수행자들이 받아 지니는 비구 비구니계를 말하고 있는 것도 사실입니다. 그러나 그것은 상(相)으로서 계입니다. 계의 상(相)은 금지계(禁止戒)입니다. 무엇을 하지 말라고 하는 것을 들여다보면, 하게 되는 것들[有爲의 삶]이 한 흐름을 벗어나 분별적 삶과 자기 소유의 삶을 부추기는 행위들로 구성되어 있는 것을 알 수 있습니다.

그렇다면 계의 체(體)는 마음속에 어떤 소유욕과 이기심으로 촉발된 갈애가 있기 전의 상태임을 알 수 있습니다. 그 상태는 무심의 삶, 무아의 삶일 것입니다. 이것을 계(戒)라고 한다면 율(律)은 이것을 체로 하여 사는 것을 이르는 것입니다. 바꾸어 말하면 어떠한 생각에도 얽매임 없는 삶[無所住]을 율(律)이라고 할 것입니다. 그러니까 무아의 삶, 무심의 삶을 사는 것 자체가 계율입니다. 이것이 계율(戒律)을 잘 지키는 일입니다[有持戒]. 복이라는 것도 그렇습니다. 앞에서 말씀드린 적이 있습니다만 여래의 삶, 보살의 삶 자체가 복덕입니다. 따라서 자기 한정인 취사 분별적 사고가 일어날 때마다 곧 알아차려 여래의 땅에 돌아가는 것이 복덕을 닦는 것입니다. 수복자(修福者)란 이처럼 계율을 지키고 복을 닦는 것을 말하며, 또한 즉비(卽非)가 살아 있는 것이야말로 계율을 지키고 복을 닦는 일입니다.

10.
여래란 열린 마음, 하나되는 마음입니다.

편집자가 뽑은 한 문장

당신의 마음에 들어온
한 문장은 무엇인가요?

_____

_____

_____

_____

_____

_____

열 번째 편지

강해

　부처님께서 말씀하십니다. "이들은 이 가르침을 듣고 오 롯하게 한 생각에 이르러 청징한 생각을 낼 것이다[生淨信]."라고. 제가 이 경의 전체적 이해를 돕기 위하여 '생정신(生淨信)'을 '청정한 생각을 낸'이라고 번역하였습니다만, 직역하자면 '청정한 믿음을 낸'이 됩니다. 그렇다면 믿음이란 무엇일까요? 경에 이와 같은 말씀이 있습니다. "바른 믿음은 모든 공덕의 어머니다[正信은 諸行의 功德之母]."

　여기서 말한 모든 공덕의 어머니가 되는 믿음이란 소위 기독교에서 말하는 절대자에 대한 믿음과 같을까요? 그렇지는 않을 것입니다. 부처님께서는 "이 가르침을 듣고 오롯하게 한 생각에 이르러 청정한 믿음을 낼 것이다."라고 하십니다. 오롯하게 한 생각에 이르는[乃至一念]것을 어떤 유위적인 생각이라고 받아들여서는 올바른 이해가 아닙니다.

여기서 한 생각이란 무심(無心)을 말합니다. '이것이다 저 것이다'로 나누는 취사분별이 아닌 오롯한 한 생각, 즉 그치 고 살피는[止觀] '일 아닌 일'을 말하고 있다고 이해하셔야 합니다. 이와 같이 그치고 살피는, 즉 멈춤의 자리에서 밝게 비추는 '행위 아닌 행위'를 바른 믿음[正信] 또는 청정한 믿 음[淨信]이라고 부르고 있는 것입니다. 이렇듯 오롯한 일념 이 청정한 믿음입니다. 그래서 청정한 믿음이라고 번역하 지 않고 청정한 생각이라고 의역을 했습니다.

이렇듯 헤아릴 수 없는 부처님 처소에 가지가지 선근을 심는 행위, 즉 비록 지금은 중생의 기운이 보살의 기운보다 강하여 대하는 일마다 나누고 분별하는 유위의 삶을 살고 있지만 그때마다 처음 보리심을 일으킨 것에 의지하여 살 피고 그치는 행위를 하다보면 오롯하게 한 생각에 이르게 됩니다. 이때를 가리켜 청정한 믿음을 낸다고 부처님께서 는 말씀하고 계신 것입니다.

믿음이란, '흔들리지 않는 굳은 마음'이란 뜻도 담고 있습 니다. 주지하다시피 '나'라고 하는 생각으로부터 비롯된 모 든 함이 있는 법은 허망합니다. 그렇기 때문에 중생의 삶, 즉 스스로 한정을 지음으로 해서 나누고 분별하는 삶 속의 믿음이라는 것은 흔들리는 마음이며 그 결과로 무너지고 흐트러지는 마음이 되는 것입니다. 왜냐하면 '나'가 있는 분별적 사고(思考) 속에는 반드시 그것을 상대하는 대상이 있기 때문입니다. 대상으로서 믿음이라는 것은 허망합니다. 그것은 실상이 아니라 전도된 가치관 속에서 '나'와 '너'의 분별이 지어낸 허깨비이기 때문입니다. 그것이 허깨비일 수밖에 없는 것은 대체로 중생의 삶이란 자기 한정인 별업과 사회의 한정인 공업을 바탕으로 한 삶이기 때문입니다.

비유하자면 이슬람교도들이 믿는 알라신과 기독교도들이 믿는 여호와 신이 있습니다. 그들 중에는 그 신에 대한 믿음이 굳건한 사람들이 많이 있을 것입니다. 그러나 그들 각자의 신에 대한 믿음이란 개인적인 취향과 소양[別業] 그리고 사회적 환경과 교육[共業]등에 의하여 이루어진 것입니다. 그러니 역으로 사회적 환경과 교육이 달라지면 그 가치관은 얼마든지 바뀔 수도 있다는 말입니다. 기독교인이 이슬람 지역에서 태어나 교육 받고 자랐다면 그는 틀림없이 이슬람교도가 됐을 것입니다. 이슬람교도 역시 마찬가지겠지요.

이렇듯 중생이 스스로 한정지은 분별적 사고(思考)에서

비롯된 믿음은 청정한 믿음이 아니며 바른 믿음이 아닙니다. 청정한 믿음과 바른 믿음이란, 어떠한 상(相)도 세우지 않은 무심의 삶 자체이며 무아의 삶 자체입니다. 보살의 삶, 여래의 삶 자체가 청정한 믿음이며 바른 믿음이 되는 것입니다. 때문에 "바른 믿음은 모든 공덕의 어머니다."라고 부처님께서는 말씀하십니다. 또 무착 스님이 문수보살에게 받았다고 전해지는 다음과 같은 게송(偈頌)도 있습니다.

一念淨心是道場　일념정심시도량
勝造河沙七寶塔　승조하사칠보탑
寶塔畢竟碎爲塵　보탑필경쇄위진
一念淨心成正覺　일념정심성정각

오롯한 청정한 한 마음이 이 도량이라.
강가의 모래 수만큼 칠보로 된 탑을 쌓음보다도 뛰어남이니
보탑은 언젠가 부서져 먼지 되어 사라지지만
청정한 한 마음은 바른 깨달음을 이루니니라.

게 송

 여기서 도량은 어떤 가람을 이르는 말이 아닙니다. 보살의 삶, 여래의 삶을 도량이라 부르고 있는 것입니다. 또 우리가 유념해야 할 것은 한 생각 청정한 마음을 어떤 상태로 한정지어서는 안 됩니다. 어떤 상태를 나타낸 말이라면 다른 상태를 대하는 것이 되게 됩니다. 그것은 무심의 삶, 즉 어떤 상(相)에도 얽매임 없이 살아감을 다만 그렇게 부르고 있을 뿐입니다.

 부처님께서는 말씀하십니다. "여래는 이 모든 것을 실답게 알고 실답게 보나니 이들 중생들은 헤아릴 수 없는 많은 복을 받을 것이다."라고. 여기서 실답게 보고 실답게 안다고 하는 것은 빠짐없이 보고 빠짐없이 안다는 말입니다. 풀어서 설명하면 보살은 비록 중생의 기운이 남아 있어서 분별하고 취사하는 유위의 삶을 살더라도 즉비(卽非)가 살아 있어 곧 무위의 삶으로 돌아와 그치고 살피는[止觀] 것이 밝게 살아 있다는 것입니다. 그리하여 저절로 중생의 기운이 사라지고 여래의 삶, 보살의 삶이 드러나게 되는 것을 일러 빠짐없이 알고 빠짐없이 본다고 말합니다.

여래란 열린 마음, 하나 되는 마음입니다. 이 열린 마음, 하나 된 마음에는 겉과 속이 없습니다. 삶의 전체를 동시에 꿰뚫고 있습니다. 이와 같이 자기 한정이 사라진 하나되는 마음에는 막힘없는 무량한 지혜가 일념에 다 드러나게 됩니다. 이 막힘없는 무량한 지혜인 우리 근원 성품을 선가(禪家)에서는 본지(本知)라고 부르기도 합니다. 새삼스럽게 무엇을 학습하여 알게 되는 것이 아니라 본래부터 알고 있다는 뜻입니다. 또 다른 말로는 어떤 상도 세우지 않아 텅 비어 있다 하여 공적(空寂)이라고 부르고, 그러면서도 신령스럽게 알고 있다 하여 영지(靈知)라고 부르기도 합니다.

이렇듯 무심의 삶, 무위의 삶인 여래의 삶은 유위적 행위를 그쳐서 텅 비어 있으니 공적(空寂)한 삶이며, 그 자리에서 밝게 비추어 신령스럽게 아니 영지(靈知)의 삶인 것입니다. 그렇기 때문에 여래께서는 빠짐없이 보고 빠짐없이 알게 되는 것입니다. 여래의 삶 자체가 헤아릴 수 없는 복덕이라고 말씀드렸습니다. 이렇듯 중생은 언젠가는 중생의 기운이 다하여 온전한 여래의 삶을 살게 될 것이므로 "이들 중생들은 헤아릴 수 없는 복덕을 받을 것이다."라고 하신 것입니다. 부처님께서 말씀하십니다. "왜냐하면 이 모든 중생들은 다시는 아상, 인상, 중생상, 수자상이 없으며, 존재로서의 실체가 있다는 생각[法相]도 없으며, 비존재로서의 실체가 있다는 생각[非法相]도 없기 때문이다."라고. 헤아릴 수 없는 복덕을 지닌 삶은 온전한 여래의 삶 속에서만 가능합니다. 복덕을 지닌 삶이란 두려움과 불안과 소외가 없는 삶이며, 그 결과로 함께 사는 공동의 삶을 말합니다. 이 삶이 정토의 삶입니다. 만약 '나'라는 상이 일어나게 되면 곧 소외의 삶, 두려움 있는 삶, 함께 하는 삶이 아닌 '나'만의 삶이 됩니다. 이렇게 되어서는 온전한 여래의 삶이 될 수 없습니다. 중생의 업이란 나눔과 분별로 이루어져 있습니다. 여기서 업의 흐름을 바꾸지 못하면 그 업의 성향에 따라 지속적으로 분별하고 나누려는 경향만을 나타나게 됩니다. 그 결과로 일마다 '나'를 세워 나만의 행복, 나만의 기쁨만을 추구하게 되므로 필경에는 소외로 인한 두려움과 불안을 낳게 됩니다.

이런 삶을 벗어나기 위해서는 업의 흐름을 바꿔야 합니다. 업의 흐름을 바꾼다는 것은 수행(修行)을 말합니다. 수행이란 여래의 처소에 각종 선근을 심는 일입니다. 각종 선근을 심는 일이란 일마다 즉비(卽非)가 살아 있게 됨을 말합니다. 즉비가 살아 있으면 그치고 살피는[止觀] 일이 힘을 얻게 됩니다. 그때는 점차로 분별하고 나누려는 중생의 경향성이 힘을 잃게 되고 무아의 삶, 무심으로 하나 되는 삶 쪽으로 흐름이 바뀌게 됩니다. 그 흐름을 타게 되면 언젠가는 온전한 여래의 삶이 드러나게 될 것입니다. 온전한 여래의 삶에 더 이상 아상, 인상, 중생상, 수자상은 없습니다. 여래는 특별한 존재가 아닙니다. 부분적인 개체로서의 삶이 아니라 동시 전체로 하나 되어 사는 온전한 삶이 여래입니다. 이 온전한 삶에는 이것과 저것이라는 비교 자체가 없습니다. 이래서 여래의 앎은 '무량한 앎'입니다. 상(相)은 부분적 삶을 사는 것이니 분별이며, 허상을 실체로 여기니 그 허상과 그 대상을 나눕니다. 이러한 분별적 생각이 존재로서의 실체가 있다고 하지요. 그것이 법상(法相)입니다. 역으로 '그 모든 것은 허상이다.

따라서 그 대상도 없다.'라 하면 그 생각이 비존재로서의 실체가 있다는 비법상(非法相)입니다. 그러나 이 또한 상(相)이라고 하는 사실을 유념해야 합니다. 여래의 앎인 '무량한 앎'은 다만 '앎' 자체이지 이렇게 따지고 저렇게 분석하는 알음알이가 아닙니다. 그렇기 때문에 부처님께서는 "헤아릴 수 없는 복덕을 받는 중생들(여래의 삶을 사는)은 존재로서의 실체가 있다는 생각[法相]도 없고, 비존재로서의 실체가 있다는 생각[非法相]도 없다."라고 하신 것입니다.

부처님께서 말씀하십니다. "이 모든 중생들이 마음에 생각[相]을 갖게 되면 곧 아상, 인상, 중생상, 수자상에 집착하는 것이다. 왜냐하면 존재로서의 실체가 있다는 생각[法相]을 갖게 되더라도 아상, 인상, 중생상, 수자상에 집착하는 것이며, 존재로서의 실체가 없다는 생각[非法相]을 갖게 되더라도 아상, 인상, 중생상, 수자상에 집착하는 것이기 때문이다. 이렇기 때문에 존재로서의 실체가 있다는 생각을 가져서도 안 되고, 비존재로서의 실체가 있다는 생각을 가져서도 안 된다."라고. '상(相)에서 상(相)아님으로 가는 행동이 선(善)입니다. 이 선은 참됨[眞]과 아름다움[美]을 포함하고 있습니다. 이 진선미(眞善美) 일체가 성스러움입니다.' 이 성스러움을 무심(無心)이라고 합니다. 이 무심으로 사는 빈 마음이 여래의 삶이라고 말씀드렸습니다.

그러나 빈 마음이 아닌, 어떤 상을 세워서 하는 행위의 선(善)은 진(眞)과 미(美)가 결여되기 마련입니다. 이렇게 되어서는 여래의 삶이 될 수 없습니다. 조금이라도 상을 세운다면 그 상으로 말미암아 본질의 왜곡을 낳게 됩니다. 그래서 조사는 "설사 금강석(金剛石)이라도 눈에 있으면 눈병이 난다."고 하시고, 또 "한 가림이 눈에 있으면 허공 꽃이 어지러이 떨어진다."라고 하신 것입니다. 부처님께서도 역시 "법상(法相)을 가져서도 안 되고 비법상(非法相)을 가져서도 안 된다[不應取法 不應取非法]."라고 하십니다.

   거사님, 우리가 설법을 듣고 부처님 가르침을 이해했다는 것은 무심으로 살아가는 방법을 알았다는 것입니다. 그렇다고 해서 그 방법이 곧 무심의 삶은 아닙니다. 무심의 삶은 그 방법으로부터도 벗어나야 비로소 한 상도 세우지 않는 빈 마음인 무심이 됩니다. 그래서 부처님께서는 "너희 비구들은 내가 설한 법이 뗏목과 같은 비유인 줄 알아라. 법도 오히려 버려야 하거늘 법 아닌 것을 버리지 않음이랴."라고 하신 것입니다. 이 말씀은 '아는 것도 뗏목인 줄 알아라. 나도 뗏목인 줄 알아라. 설법도 뗏목인 줄 알아라.'라고 받아들여야 할 것입니다.

11.
시시때때로 마음을 돌아보고 또 돌아보아 살피고 그치게 되면, 무심은 즉시 드러나게 됩니다.

편집자가 뽑은 한 문장

당신의 마음에 들어온
한 문장은 무엇인가요?

열한 번째 편지

無得無說分

須菩提 於意云何 如來得阿耨多羅三藐三菩提耶 如來有所說法耶 須菩提言 如我解佛所說義 無有定法名阿耨多羅三藐三菩提 亦無有定法 如來可說 何以故 如來所說法 皆不可取 不可說 非法 非非法 所以者何 一切賢聖 皆以無爲法 而有差別

"수보리여, 어떻게 생각하느냐, 여래가 위없는 바른 깨달음[阿耨多羅三藐三菩提]을 얻었느냐, 또 여래가 그 법을 설한 바 있느냐?" 수보리 존자가 대답하되 "제가 부처님 말씀하신 바 그 뜻을 이해하기로는 마음속에 어떤 한정도 짓지 않는 것을 위없는 바른 깨달음이라고 부를 뿐입니다. 또한 그 마음속에 어떤 한정도 짓지 않는 법을 여래께서 말씀하셨습니다. 왜 그러냐 하면, 여래께서 말씀하신 바 법은 모두 다 취할 수 없으며, 가히 말할 수도 없으며, 법이 아니며, 그렇다고 법 아닌 것도 아닙니다. 이러한 까닭으로 일체 모든 성현들께서는 함이 없는 법[無爲法]으로 알고 설하고[而有差別] 계신 것입니다."

강해

소위 도(道)를 닦는다는 것은 마음 비우기를 뜻합니다. 세간에서 말하는 공부란, 지식을 습득하는 것이어서 마음 비우기를 공부라고 말하는 것과는 차이가 있지요. 그래서 경에서 말하는 "받아서 지니고 늘 읽는다[受持讀誦]."는 말도 글자 그대로 받아들여서는 바른 이해가 아닙니다. 경에서 가리키는 곳에 가 이르러 머무는 것이 받아 지닌 것이 되고, 그 머무는 곳으로부터 자꾸 이탈하려는 움직임을 다잡는 것이 독송이라고 할 수 잇습니다. 그렇기 때문에 부처님께서 수보리 존자에게 "여래가 위없는 바른 깨달음을 얻었느냐, 또 여래가 그 법을 설한 바 있느냐?"라는 부처님의 질문 끝에 답변을 한 수보리 존자의 "제가 부처님 말씀하신 바 그 뜻을 이해하기로는…."에서 '이해'는, 단순한 세간적 알음알이의 이해가 아니라, 바른 안목을 갖추고[受持] 무심의 삶을 살아가는[讀誦]것을 이르는 것입니다.

여기서 바른 안목이란[正見], 어떠한 견해에도 집착하지 않고, 어떠한 견해도 세우지 않는 것을 바른 견해[正見] 라고 부르며, 그것이 경에서 가리키는 부처님이 머무는 땅일 것입니다. 또 제가 말한 머무는 땅이 참으로 머무는 땅이 있어서 머무는 땅이라 말하고 있는 것은 아닙니다. 어떠한 비유와 비교로도 그곳을 말할 수 없기 때문에, 다만 부처님이 머무는 땅이라고 부르는 것뿐입니다. 어떤 생각에도 얽매이지 않고 머문 바가 없는 것이 부처님이 머무는 땅입니다. 얽매임 없고, 머문 바 없는 삶을 무심으로 산다고 하며 그것이 늘 경을 독송하는 일이 될 것입니다.

그렇기 때문에 수보리 존자의 '제가 부처님 말씀하신 바 그 뜻을 이해하기로는'이라는 말은 '제가 살고 있는 무심 속에서는'이라고 바꾸어 말할 수 있을 것입니다. 그래서 수보리 존자는 "부처님, 제가 체험하고 살고 있는 무심의 삶이란 어떤 한정이 없는 법[無有定法]을 이름하여 위없는 바른 깨달음[名阿耨多羅三藐三菩提]이라고 부릅니다."라고 말씀하고 있는 것이지요. 정법(定法)을 달리 '결정된 법'이라고 할 수 있습니다. 이 '결정된'이라는 말은 이미 실체라는 뜻을 함의하고 있습니다. 또 이 결정 속에는 다른 결정을 상대하고 있습니다. 이것은 분별하는 삶이요, 소외시키는 삶입니다. 때문에 무유정법(無有定法)이란 어떤 고정되고 결정된 실체가 없다는 말로써, 바로 空의 세계, 즉 무심의 삶,

무위의 삶을 말합니다. 이 무심의 삶, 무위의 삶인 '하나됨의 열린 세계'를 부처님께서는 아뇩다라샴먁샴보리(阿耨多羅三藐三菩提) 즉 '위없는 바른 깨달음'이라고 하신 것입니다. 또한 부처님께서 설한 바 법은 여러 유형의 말을 빌렸더라도 다만 '하나됨의 열린 세계'만을 말씀하신 것입니다.

그러니 위에서 말한 '하나됨의 열린 세계'를 체험하지 않고 부처님 가르침을 이해했다고 말하는 것은 다만 추상과 추론에 의한 이해에 지나지 않습니다. 마치 사탕 맛을 맛보지 못한 사람이 사탕 맛을 맛본 사람에게 그 맛이 달다는 얘기를 듣고 그 단맛을 추측하여 사탕 맛을 안다고 말하는 것과 다름없습니다. 오직 사탕 맛을 직접 맛본 사람만이 사탕 맛을 바르게 이해하는 것처럼, 하나됨의 열린 세계를 체험한 사람만이 '정해진 법이 없다'라는 사실을 알고, 그 법을 설할 수 있을 것입니다. 그래서 수보리 존자는 "제가 부처님 말씀을 이해하기로는 어떤 결정된 법이 없는 것을 이름하여 위없는 바른 깨달음이라고 부릅니다."라고 말할 수 있는 것입니다.

여기에 어떠한 선하고 명분 있는 성스러운 견해를 세우더라도, 이미 세운 그 견해로써 법을 결정하고 있는 것입니다. 또한 이 결정된 법에는 반드시 상대가 있게 됩니다. 이렇게 되어서는 '하나 된 열린 세계'가 아닌, 나누고 분별하는 유위법의 세계가 되겠지요. 그래서 저 고덕(古德)은 이 자리를 가리켜 송곳 하나 세울 자리가 없다고 표현했습니다. 송곳 하나라도 세울 자리가 있다면 모양 없는 세계[無相]가 아닌 모양을 갖는 세계[有相]가 되겠지요. 수보리 존자는 이 송곳 하나 세울 자리 없는 그 법을 부처님께서는 말씀하셨다고 얘기하고 있는 것입니다. 비록 부처님께서 이 자리를 말씀하셨더라도 말씀이 이 자리일 수는 없습니다. 그래서 고덕(古德)은 개구어착(開口語錯) 즉, "입을 벌려 말하면 이미 어긋나버린다."라고 말씀하시고, 또 "지이표월혜(指以標月兮)여 월부재지(月不在指)요, 언이설법혜(言以說法兮)여, 법부재언(法不在言)이로다. 즉, 손가락으로 달을 가리킴에 달은 손가락에 있지 않고 말로써 법을 설하되 법은 말에 있지 않도다."라고 하신 것입니다. 부처님께서 "나의 설법을 뗏목과 같은 줄 알아라."라고 하신 것도 같은 이치입니다.

 이러한 모양 없는 모양을 부처님께서 말씀하셨기 때문에 수보리 존자는 "여래께서 말씀하신바 법은 가히 다 취할 수도 없으며 다 말할 수도 없다."라고 하신 것입니다. 부처님께서도 처음에는 침묵으로 이 모든 법을 보여 주셨습니다[敷座而坐]. 하지만 분별된 모습 하에서만 의사소통이 가능한 중생들이라 내가 있는 법을 통해 내가 없는 바를 말씀하신 것이지요. 그래서 '하나 되어 열린 세계'를 체험하지 못한 사람이 부처님 설법을 알아차렸다고 말하는 것은 이것과 저것을 비교해서 얻은 이해라고 할 수 있습니다. 이 이해는 얻을 것이 있고 말할 것이 있습니다. 부처님은 한정을 지닌 말을 통하여 한정짓지 않는 세계를 말씀하시지만 범부는 한정인 말씀을 그대로 받아들여 그것으로 법을 세우고 다시 새로운 한정을 짓고 있기 때문입니다. 이러한 내가 있는 법의 세계에서 이해란 한정을 통한 이해이기 때문에 새로운 한정을 얻는 것이요, 그 새로운 한정을 말하고 있는 것입니다.

그러나 수보리 존자처럼 이미 '하나되어 열린 세계', 무아의 세계, 무심의 세계를 사는 사람은 설사 부처님께서 한정을 지닌 언어를 통하여 한정 없는 세계를 말씀하시더라도 한정에 着(착) 하지 않습니다. 그러므로 한정을 지닌 말에 떨어지지 않고 그 말이 향하는 곳에 즉각 가 이르게 되고 "부처님께서 말씀하신 법은 다 취할 수도 없고 말할 수도 없다."고 말 하는 것입니다.

여기서 잠깐 선화(禪話) 한 토막을 가져와 보겠습니다. 달마조사께서 어느 날 중국과 인연이 다함을 아셨습니다. 그래서 제자들을 불러 모아놓고 그동안 공부한 바를 점검해 주겠노라 하시며 각자 한마디씩 이르도록 합니다. 먼저 도부라는 이름을 가진 스님이 말합니다. "문자에 집착하지 않아야 합니다." 조사께서는 그 말을 듣고 말씀하시길 "너는 내 살가죽 정도는 얻은 듯하다." 그러자 양무제(양나라 왕)의 딸인 총지라는 비구니 스님이 나서서 말하길 "아촉불을 한번만 보고는 다시 보지 않아야 합니다." 조사께서 그 말을 듣고 말씀하시길 "음, 너는 내 살덩이 정도는 얻은 듯하다." 하시자 도육이라는 스님이 나서서 "사대[地水火風]가 본래 공(空)한 것이므로 그에 따른 오온[色受想行識]도 공(空)한 것입니다. 따라서 제가 알았다 하는 것도 공한 것입니다."라고 말합니다.

조사께서는 말씀하시길 "그대는 내 뼈다귀 정도는 얻은 듯하구나."라고 하십니다. 이때 혜가 대사가 한 발짝 앞으로 나서서 조사를 향하여 합장배례하고 물러나 조용히 침묵을 지킵니다. 그 행동을 조사께서 보시고 흡족해 하며 말씀하시되 "옳다! 혜가, 너야 말로 내 골수까지 얻었구나." 하시며 의발을 전하시어 2대 조사로 삼으십니다.

이렇듯 말길이 끊기고 마음의 행하는 바가 멸하여 없는 곳을[言語道斷 心行處滅] 말을 빌려 설명하고 있지만 빌린 말이 그 실상을 나타낼 수는 없습니다. 그래서 수보리 존자께서는 "여래께서 말씀하신 바 법은 다 취할 수도 없으며 말할 수도 없으며, 법이라고 할 수도 없으며 법이 아닌 것이라고 할 수도 없습니다."라고 하신 것입니다. 왜냐하면 법이라고 한다면 존재로서 실체가 있다는 생각[法相]에 떨어지는 것이 되며, 만약 법이 아니라고 한다면 비존재로서 실체가 있다는 생각[非法相]에 떨어지는 것이 되기 때문입니다. 그러니 '하나 되어 열린 세계'를 체험한 사람은 위 선화의 혜가와 달마조사처럼 마음과 마음으로 아는 것이지 문자를 빌려 아는 것은 아닙니다. 그러나 설사 문자를 빌려 그것을 말하더라도 그 말에 떨어지지 않기 때문에 그 말로서 법을 세우지 않게 됩니다.

그러나 중생의 분별하는 마음은 듣는 말마다 이리 따지고 저리 나누며, 이것은 옳고 저것은 그르다 하며 끊임없이 나누고 취하고 버립니다. 이 스승께서 이리 말하면 이렇게 취착(取着)하고 저 스승이 저렇게 말하면 저렇게 취착합니다. 또 이 경전을 읽고는 이 경전이 최고라 취착하며 저 경전을 읽고 저 경전이 최고라고 취착합니다. 그래서 부처님께서는 말씀하십니다. "내가 말한 바 법은 다 뗏목과 같다. 법도 버려야 하거늘 하물며 법 아닌 것임에랴."라고. 이렇게 말에 떨어지고, 분별하고, 취하고 버리는 것에 취착하면 이 세계가 가루되어 없어지더라도 중생의 마음에서 벗어날 길이 없습니다. 오직 방법은 말에 떨어지지 말고, 그 말이 지향하는 바를 바르게 알아, 놓고 또 놓아야 합니다. 결코 경을 많이 읽고, 법문을 많이 들어서 무심해지는 것이 아닙니다. 시시때때로 마음을 돌아보고 또 돌아보아 살피고 그치게 되면, 무심은 즉시 드러나게 됩니다.

불법(佛法)이란 무심에 이르게 하는 방법입니다. 그러나 그 방법이 훌륭하다고 해서 그것을 굳게 지녀서 취착한다면 무심이 드러나지 않게 됩니다. 부처님께서 말씀하신 모든 가르침은 무심으로 사는 법을 말씀하신 것입니다. 그런데 그 말씀을 듣고 무심하지 못하다고 하는 것은 말씀하신 상에 떨어져 그 상을 취하고 있다고 봐야 할 것입니다.

12.
사람들이 웃고 울며, 기뻐하고, 성내며, 선을 행하고, 악을 행하는 모든 행위들이 하나의 우주를 창출하는 결과를 낳는다고 할 수 있습니다.

편집자가 뽑은 한 문장

당신의 마음에 들어온
한 문장은 무엇인가요?

_____
_____
_____
_____
_____
_____
_____

열두 번째 편지

依法出生分

須菩提 於意云何 若人 滿三千大千世界七寶 以甬布施 是人 所得福德 寧爲多不 須菩提言 甚多世尊 何以故 是福德 卽非 福德性 是故如來說福德多 若復有人 於此經中 受持乃至四句 偈等 爲他人說 其福勝彼 何以故 須菩提 一切諸佛 及諸佛阿 耨多羅三藐三菩提法 皆從此經出 須菩提 所謂佛法者 卽非佛法

"수보리여, 어떻게 생각하는가, 만약 어떤 사람이 한량없는 세계인 삼천대천세계에 일곱 가지 보배를 가득 채워 이것으로 보시를 행한다면 이 사람은 얻은 바 복덕이 많겠느냐?" 장로 수보리가 대답합니다. "대단히 많습니다, 세존이시여. 왜냐하면 이 복덕은 곧 복덕의 성품이 아니기 때문입니다. 이런 까닭에 여래께서 말씀하시길 복덕이 많다고 하셨습니다."

"만약 어떤 사람이 이 경에 있는 사구게 등을 받아 지녀 다른 사람을 위하여 설명한다면 이 복은 그 복덕(삼천대천세계에 칠보를 가득 채워 보시하는) 보다 뛰어나리라. 왜냐하면 수보리여, 모든 부처님과 모든 부처님들의 위없는 바른 깨달음이 이 경으로부터 나왔기 때문이다. 수보리여, 소위 불법이라고 말하는 것은 곧 불법이 아니다."

강해

본문에 들어가기에 앞서 불교에서 말하는 우주론을 살펴 보도록 하겠습니다. 동서양을 막론하고 인간의 사유가 비롯되면서 처음과 끝에 대한 지대한 관심이 있었다는 이론에는 여지가 없을 것입니다. 지역별 신화나 종교사의 서장에서 반드시 천지 창조를 다루고 있다는 것이 그것을 반증합니다. 그것이 합리성을 바탕으로 한 기술이든 아니면 황당한 기술이든 간에 동서양 공히 같은 현상을 보이고 있습니다.

특히 기독교의 성경에 기술된 천지창조론은 조금만 합리적인 사고를 바탕으로 들여다보아도 그것처럼 황당무계한 얘기가 없습니다. 그럼에도 21세기 현재 지구상의 사분의 일에 해당하는 인류가 여전히 읽고 신봉하고 있으니 인류의 무의식 기저에 처음과 끝에 대한 관심이 얼마나 지대한지 알 수 있을 것 같습니다. 우리의 '단군신화'나 일본의 '일본서기' 기독교의 '성경'에 나타난 창조론 혹은 시작의 이야기는 사실을 서술한 것이 아니라 다분히 그 시대, 그 사회의 사유 패턴에 의한 서술일 것입니다. 불교에서도 그들처럼 명확하게 처음과 끝을 다루고 있지는 않지만, 순환으로서 우주의 시작에 관한 이야기를 다루고는 있습니다. 하지만 그것을 그렇게 중요하게 다루고 있지 않습니다. 부처님께서 직접 그에 관하여 언급하셨던 기록은 발견되지 않습니다. 그것에 관한 질문은 여러 차례 발견되지만, 부처님께서는 그때마다 침묵으로 답하셨습니다. 침묵으로 답하신 이유는 말로 할 수 없고 생각으로 헤아릴 수 없어서[不可說 不可思量]입니다.

그럼에도 그러한 질문이 계속되었던지 붓다의 입멸 후 수 세기가 지난 다음 바수반두(중국 명으론 세친)의 구사론에 처음으로 언급되었습니다. 그것도 서장이 아닌 제3장에 서술한 것을 보면, 그때도 그렇게 중요하게 다루지 않았음을 알 수 있습니다. 또한 불교의 우주관에 대해서 논의하기에 앞서 우리가 유념해야 할 것은 부처님께서 예로 드신 삼천대천세계도, 불교 고유의 우주관이 아니라 그 시대 인도인들의 우주관을 차용하였음을 알아야 합니다. 그것들은 사실을 말하고 있는 것이 아니라 그 시대 중생들이 앓고 있는 병에 가장 알맞은 처방전이었던 셈입니다. 지금부터 말씀드리는 구사론의 우주론도 이와 같은 맥락에서 이해해야 할 것입니다. 기독교 성경에는 천지가 신에 의해 창조되었다고 기술하고 있습니다. 기독교뿐만 아니라 여타 종교나 일본서기를 비롯한 각 지역의 신화에서도, 신이라 불리건 그 무엇으로 불리건, 인간을 초월한 위대한 그 무엇에 의하여 천지가 열렸다고 기술하고 있습니다. 그러나 불교는 본래부터 조물주, 또는 우주의 지배자에 대한 관념이 없으며, 그들에 의한 창조나 개천(開天)이 아닌, 세상은 오직 중생의 업력에 의해서 나타난 현상이라고 보고 있습니다.

또한 성경을 비롯한 여타 다른 기록들은 생명들이 머물 수 있는 자연을 창조하고 그 다음에 온갖 생명들을 창조했다고 기술하는 반면, 불교에서는 그와 반대로 본래로부터 존재한 생명(중생의 업력)에 의하여 자연계가 발생한다고 서술하고 있습니다. 이러한 논리의 기저에는 그 시대 사회 구성원의 상상력과 사유 패턴이 녹아 있습니다.

아랍지역인 중앙아시아와 기타 서구 지역 사람들의 사유의 패턴은 지구를 중심에 두고 눈에 보이는 세계와 보이지 않지만 추론과 추상에 의해 추측하는 신의 세계로 국한시킵니다. 그와 달리 고대 인도인들의 사유 패턴은 한층 다양하고 복잡한 것을 알 수 있는데요, 그것은 이미 생명이 존재함으로써 그 생명들에 의하여 자연계가 발생되고 있다는 논리입니다. 그 논리는 하나의 자연계(예를 들면 지구)가 아니라 다수의 자연계를 상정할 때 가능한 논리입니다. 생명체가 존재한다고 하는 것은 그 생명체들이 거주하는 공간이 이미 존재한다는 것을 의미합니다. 이 생명체들의 의념과 행위에 의해서 다른 자연계가 창조되고, 이 자연계에 거주하는 생명체들의 의념과 행위에 의해서 또 다른 자연계가 창조되는 것으로, 서로가 물고 물린 연기적 관계 또는 순환의 관계로 존재한다는 논리가 성립됩니다. 이러한 논리 속에 우주의 시작과 끝이 없습니다. 인도인들의 사유 속에는 새로 생기고 없어지는 것이 없습니다.

다만 인연 따라 이리 움직여서 이것을 이루고 저리 움직여서 저것을 이룬다는 생각이 그들의 의식 기저에 깔려 있음을 알 수 있고, 그 사유 패턴을 가까이 보이는 사물에만 국한시킨 것이 아니라 저 멀리 우주까지 확대하여 받아들이고 있습니다. 그러한 사유의 틀 속에 윤회라는 개념도 자리할 수 있었던 것이 아닌가 생각합니다. 그렇기 때문에 그들의 사유 속에는 시작과 끝이라는 개념은 없어 보입니다. 모든 것을 순환의 구조로 보고 있는 것이죠. 현대 과학적인 상식으로도 무(無)에서 절대자가 유(有)를 창조했다는 가설보다 훨씬 합리적 사고로 보입니다.

각설하고 바수반두 존자의 구사론에서 말하는 우주론을 살펴보도록 하겠습니다. 존자는 말 합니다. "오직 중생의 업력에 의해서 자연계는 이루어져 있다."라고. 이 말을 좁혀서 얘기하자면 사람들이 웃고 울며, 기뻐하고, 성내며, 선을 행하고, 악을 행하는 모든 행위들이 하나의 우주를 창출하는 결과를 낳는다고 할 수 있습니다. 우주를 생성하는 에너지와 하나의 개체, 한 인간이 살아서 행위하고 동작하는 힘이 동일하다고 보는 것이 존자의 생각입니다. 이러한 생각에 대해 별 반론 없이 2000년 이상을 지속하는 것을 보면 이것이 불교를 대표하는 우주관이라고 봐도 무방할 것입니다. 불교에서는 네 종류의 겁을 말하고 있습니다. 그것은 성주괴공[成劫 住劫 壞劫 空劫]입니다. 불교에서 말하는 우주의 생성이란 이 네 가지 겁의 순환이라고 보는 것입니다.

먼저 아무런 존재도 없는 광대하고 텅 빈 공간[空劫]에 중생의 업력이 활동함으로써 미세한 바람이 일어나기 시작한다고 합니다. 점차 이 바람은 공간 속에서 밀도를 더해 가고 급기야는 둥근 모양의 견고한 대기층을 이루고[成劫], 이 대기층 위에 물의 층이 형성된다고 말합니다.

  이것이 중생의 업력 활동에 따라 대기층 중심부 상공에 점차로 구름으로 응집되고 구름이 장대비가 되어 대기층에 떨어지면, 이것이 쌓여 물의 층을 이루고, 여기에 다시 중생의 업력이 작용하여 바람으로 말미암아 끓인 우유의 표면에 막이 생기는 것 같이 점차 응고되어 대지와 물의 층으로 나뉘게 된다고 말합니다. 그리고 이 대지 층의 순서에 따라 각종(예를 들면 산, 들, 바다) 자연 환경이 이루어지게 된다고 합니다. 이처럼 자연 환경이 이루어지면 그 조건에 맞는 생명체들이 탄생하게 되는 것입니다.

  공겁으로부터 중생의 업력에 의한 미풍이 일어 자연현상이 완성되기까지 약 1안타라칼파의 시간이 걸리고, 여기에 원시적인 생명체로부터 고등생명체가 탄생하기까지는 약 20안타라칼파가 걸린다고 합니다. 안타라칼파는 고대 인도인들의 시간 단위입니다. 정확히 현대의 시간 단위로 해석할 수는 없지만 대략적으로 학자들의 견해는 3억 2천만 년 정도로 추산하고 있습니다. 일주일 만에 우주와 만물을 창조했다고 말하는 중동 지역의 사람들과 비교할 때 사유의 깊이와 인식의 넓음에 감탄을 자아내지 않을 수 없습니다. 그러한 사회적 인식의 토대 위에 붓다 같은 위대한 철인이 배출되지 않았을까 생각해 봅니다. 이렇게 생성된 자연계는 20안타라칼파에 걸쳐서 머물며(住劫,) 또다시 20안타라칼파에 걸쳐서 무너지며(壞劫) 다시 20안타라칼파 동안 비어 있는 상태로 존재한다고 합니다.

결국 불교에서 보는 우주 창조의 시작은 없습니다. 이 네 가지 사이클이 계속 반복되고 있을 뿐이라는 것이 불교의 우주관이라고 말할 수 있습니다. 이러한 자연 환경, 예를 들면 태양을 중심으로 한 지구 같은 유기적 생명체가 생존할 수 있는 환경 일천 개가 모여서 소천을 이루고, 이 소천 일천 개가 모여서 다시 중천을 이루고 이 중천 일천 개가 모여서 대천을 이룬다고 말합니다. 이런 것들을 포괄하여 우주를 표현할 때 삼천대천세계라고 부릅니다.

인도인들은 현상계를 인간계와 신이 머무는 영계로 단순화하여 구분 짓지 않습니다. 그것들을 33개의 하늘로 나누고 있고, 그것들을 크게 셋으로 나누어 욕계, 색계, 무색계라고 부르며, 다시 삼계라고 총칭하고 있습니다. 생명의 탄생에 관한 시각도 본래로부터 존재한 생명이 자신의 행위에 의한 결과로 이 삼계안에서 유전윤회하고 있다고 보았습니다. 기독교를 비롯한 그와 비슷한 유일 신관을 가지고 있는 종교에서는 말하는 신의 뜻에 의하여 탄생하고 신의 뜻에 의하여 거두어져서 신에 충성한 척도에 따라 지옥이나 천당에 영원히 머물게 된다는 논리가 그것입니다. 21세기 고도로 문명화된 이 시점에서도 그러한 시각을 견지하고 있는 사람들이 인류 중 반이나 차지하고 있으니 무명 업식의 두터움에 한숨짓습니다.

지구라는 자연계가 탄생하기까지는 생각으로 미칠 수 없는 광활한 우주에 존재하는 중생들의 업력이 작용하였습니다. 또한 여러분이나 제가 지금 행하는 행위, 일으키는 의념 하나하나가 또 다른 자연계를 생성시키고 있습니다. 또한 그 행위들로 말미암아 현실의 거친 세계들부터 무너지고 있으며, 그 행위들로 말미암아 이 자연계가 유지되고 있습니다. 그렇게 본다면 은하수 저편의 생명체와 이 지구의 생명체가 아무런 관련이 없다고 뉘라서 말할 수 있겠습니까.

13.
어떤 생각에도 얽매이지 않는 삶[應無所住]이 밝게 깨어 있는 삶이며, 이 삶을 여래의 삶이라고 부릅니다.

편집자가 뽑은 한 문장

당신의 마음에 들어온
한 문장은 무엇인가요?

열세 번째 편지

강해

　본문을 살펴보겠습니다. 부처님께서 "만약 어떤 사람이 한량없는 세계인 삼천대천세계에 일곱 가지 보배를 가득 채워 보시를 행한다면 이 사람이 받는 복덕이 많겠느냐?"라고 수보리 존자에게 묻습니다. 그 질문에 존자께서는 "대단히 많습니다, 세존이시여. 왜냐하면 이 복덕은 곧 복덕의 성품이 아니기 때문입니다."라고 대답하십니다.

　이 대목을 풀어 나가기 전에 선화(禪話) 한 토막을 들어 보겠습니다. 일일부작(一日不作)이면 일일불식(一日不食)이라는 유명한 선구(禪句)를 남긴 백장 선사에 얽힌 이야기입니다.

　어느 날부터 선사의 법문이 있는 날이면 절집 식구가 아닌 노인 한 사람이 법당의 제일 구석진 자리에서 법문을 듣고 홀연히 사라지곤 하는 것이었습니다. 매번 그 같은 일이 반복되다가 어느 날은 대중들이 전부 물러 간 뒤에도 노인이 자리에 남아 있는 겁니다. 노인은 선사 뵙기를 청하고 예를 다한 뒤에 하소연하여 가로되 "저는 사람이 아니라 500년 된 여우입니다. 여우의 몸을 받기 전에는 이 산중의 주인이었습니다." 선사께서 물어 가로되 "어쩌다가 여우의 몸을 받게 되었는가?"라고 하자, 노인이 대답하기를 "어느 날 한 수행자가 찾아와 수행하는 사람도 인과에 떨어지느냐고 물어보기에 제가 대답하기를, 인과에 떨어지지 않는다."라고 하였습니다. 그 말끝에 저는 500년 동안 여우의 몸을 받고 있습니다. "선사시여 저의 대답 어디에 허물이 있어 이와 같은 과보를 받게 됐습니까?"라고 하자 선사께서 대답하시길 "여우의 몸을 받을 만한 대답이었다."라고 하십니다. 그러자 노인은 선사께 청하되 "저의 허물을 풀어주실 수 없습니까?"하니, 선사께서 그대가 한번 그와 같은 질문을 해보라 하시자 노인이 자세를 가다듬고, "수행하는 사람도 인과에 떨어집니까?"라고 물어보니 선사께서 대답하시길 "인과에 어둡지 않다."라고 하십니다.

그 말씀 끝에 노인은 자신의 허물을 들여다보고 크게 깨닫는 바가 있었습니다. 노인은 선사에게 절을 올리고 "선사의 가르침 덕분에 여우의 몸을 벗을 수 있게 되었습니다."

하며 물러갔습니다. 잠시 후 선사께서 종을 쳐 대중들을 불러 모아 말씀하시길 "뒷산 암굴에 가면 여우의 몸을 쓴 500년 전 이 도량의 주인이 열반에 들어 있을 것이다. 마땅히 비구의 다비 절차에 의거하여 다비식을 치러 주도록 하라."라고 말씀 하신 후 그에 얽힌 이야기를 들려주고 자리를 뜨셨습니다.

인과에 떨어지지 않는다[不落因果]와 인과에 어둡지 않다[不昧因果]가 무슨 차이가 있어서 한사람을 500년 동안 여우의 몸을 받게 했으며, 또 여우의 몸을 벗겨주고 마침내는 깨달음을 얻게 했을까요? 우리가 보고 듣는 이 현상계는 앞서 말씀드린 것처럼 중생들의 업이 만들어 낸 현상입니다. 그것은 유위법의 세계입니다. 업이란 말을 조금 자세히 풀자면 유정의 행위 즉, 의념, 동작, 말(語)을 의미합니다. 유위법의 세계에서는 반드시 그 업의 결과물인 과보가 따릅니다. 보살님이 잘 알고 있는 '좋은 원인을 만들면 좋은 과보를 받고 나쁜 원인을 만들면 나쁜 과보를 받는다[善因善果 惡因惡果].'가 그것입니다.

그러나 구사론에서는 '좋은 원인에는 즐거움이 따르고 나쁜 원인에는 고통이 따른다[善因樂果 惡因苦果].'라고 말합니다. 왜냐하면 본질에서 보면 선과 악이라는 것은 없기 때문이지요. 그것은 다만, 지금 행하고 있는 행위의 결과가 안락하고 즐거운 것인가 아니면 고통을 낳는 행위인가의 양변일 뿐입니다.

"수행하는 사람은 인과에 떨어지지 않는다."고 한 대답의 허물은 여기에 있습니다. '인과에 떨어지지 않는다.'는 대답의 기저에는 취하고 버리려는 분별심이 작용하고 있습니다. 여기 이 자리를 벗어난 유위의 행위는 특별한 결과를 기대하고 있습니다. 이것은 무아의 법에 통달한 자의 사유가 아닙니다. 이것은 막연한 추론에 의한 추상인 것이지요. 선사의 대답과는 확연한 차이가 있습니다. 그 대답 속에는 선악도, 시비도, 취사도 분별도 없습니다. 어느 것 하나 취하고 버릴 생각이 없습니다.

다만 어둡지 않으며. 역력하게 잘 알고 있을 뿐입니다. 이것이야말로 무아의 법이며, 무위의 행이며, 무심의 도이며, 복덕의 성품입니다. 선사의 대답은 어떤 행위의 결과를 좇는 것이 아니라 무심 가운데 행위와 하나 될 수 있는 자에게서만 나올 수 있는 대답인 것입니다. 반면에 노인이 했던 대답의 기저에는 수행의 결과를 인과와 연관 짓는 사유가 있습니다. 수행을 하면 인과에 떨어지지 않는다고 한정을 짓고 있는 것입니다. 그 수행은 바라는 것이 없는 수행이 아니요, 함이 없는 수행이 아닙니다.

유위법의 세계는 한정이 있는 세계입니다. 그 한정 속에는 큰 것이 있고 작은 것이 있습니다. 이것이 있고 저것이 있습니다. 그 세계는 하는 모양이 있고 이루는 자취가 있습니다. 그것은 계측과 계량이 가능한 세계입니다. 삼천대천세계라고 하는 한정된 세계에 칠보를 가득 채워 보시를 하면 그 결과로 많은 복덕을 받을 것입니다. 왜냐하면 그것은 유위법의 복덕인 유루(有漏)복이기 때문입니다. 그 복덕은 어떤 원인에 따른 결과라서 계측이 가능합니다.

그래서 수보리 존자가 "복덕의 성품이 아니기 때문에 많습니다."라고 하신 것입니다. 앞서 말씀드린 바와 같이 무심의 삶, 무위의 삶이 복덕입니다. 이것은 형상이 없어서 계측과 계량이 불가능합니다. 백장 선사의 말씀과 같이 매사에 밝게 깨어 있어서 신령스럽게 알고 있으면서 마음속에 바라는 바가 없으니 고요하고 고요할 뿐인 것이 무루(無漏)의 복, 즉 샘이 없는 복덕의 성품이기 때문입니다.

달마조사께서 중국의 양나라 황제인 무제를 만나서 나눈 이야기입니다. 황제가 자랑스럽게 물어봅니다. "대사, 짐은 수없이 많은 사원을 건립하였으며 수없이 많은 불경들을 간행하였으며 또한 부지런히 불경을 독송하고 있습니다. 짐의 복덕은 얼마나 되겠소?"라고 하자 조사께서는 곧바로, 망설임 없이 "복덕이랄 것도 없습니다."라고 하십니다. 어떤 행위에는 반드시 결과가 따르기 마련입니다. 양무제의 그와 같은 행위가 선한 행위였다면 낙과(樂果)가 따를 것입니다. 그 행위의 결과로 천상에 태어날 수도 있으며, 다음 세상에 다시 왕후장상이 되는 씨앗을 심은 것이 될 수도 있습니다. 그러나 그것은 영원한 것이 아닙니다. 그 과가 다하게 되면 다시 처음으로 돌아갑니다. 뿐만 아니라 그 과보로 천상에 태어나고 왕후장상이 되었다 치더라도 그 삶에 고통이 따르지 않는다고 누구도 장담할 수 없는 일입니다.

달마조사께서 말씀하신 복덕이랄 것도 없다는 양무제의 행위가 유위적인 행위이기 때문입니다. 양무제는 '나'가 있습니다. 그 '나'를 중심으로 사원을 건립하고 불경도 간행하였습니다. 또한 좋은 과보를 바라고 불경을 독송하였습니다. 그 행위에 따른 과보는 반드시 있을 것입니다. 그러나 그 행위에는 항상 '나'가 따르게 됨으로 분별이 있고, 취사가 있으며, 시비가 있고, 선악이 있습니다. 그렇게 해서는 전체로 하나되는 삶을 살 수가 없습니다. 그것은 선한 행위의 결과물은 될지언정 참다운 복덕이 될 수 없으니 조사께서는 복덕이라고 할 것도 없다고 하신 것입니다.

부처님께서는 말씀하십니다. "만약 어떤 사람이 이 경에 있는 사구게 등을 받아 지녀 다른 사람을 위하여 설명한다면 이 복은 그 복덕(삼천대천세계에 칠보를 가득 채워 보시하는)보다 뛰어나리라. 왜냐하면, 수보리여, 모든 부처님과 부처님들의 위없는 바른 깨달음이 모두 이 경으로부터 나왔기 때문이다. 수보리여, 불법도 곧 불법이 아니니라(법의 실체가 없는 연기실상이 불법이므로)."

금강경에 나와 있는 사구게는 3편이 있습니다. 범소유상 개시허망 약견제상비상 즉견여래(凡所有相 皆是虛妄 若見諸相非相 卽見如來)가 그 하나요, 약이색견아 이음성구아 시인행사도 불능견여래(若以色見我 以音聲求我 是人行邪道 不能見如來)가 그 둘입니다. 세 번째 게송은 일체유위법 여몽환포영 여로역여전 응작여시관(一切有爲法 如夢幻泡影 如露亦如電 應作如是觀)입니다. 앞서 말씀드린 바 있습니다만 경에서 말한 받아 지녀서 늘 독송하고 다른 사람을 위하여 설하는 것[受持讀誦 爲他人說]을 일반적인 언어로 해석하여 말 그대로 받아들인다면 경을 바르게 이해하는 것이 아닙니다. 더더욱 금강경에서의 수지 독송은 말할 나위가 없습니다.

왜냐하면, 금강경은 어떤 말에도 즉비(卽非)가 담겨 있기 때문입니다. 받아 지니는 모습이 있고, 독송하는 모습이 있고, 다른 사람을 위하여 설하는 모습이 있다면, 이 사람은 곧 '내'가 있는 법으로 사는 사람이어서 곧 금강경에서 지향하는 삶을 사는 사람이 아닙니다. 매사에 즉비(卽非)가 살아 있게 되면 받아 지니는 것도 곧 받아 지닌 바가 없게 되며, 다른 사람을 위하여 설하는 것도 곧 설한 바가 없으니 어떤 행위나 모습에 얽매이지 않게 되어 전체로 동시에 함께 사는 것이 됩니다. 위에서 열거한 사구게 내용도 여러 언어로 풀어 놓았지만, 한마디로 축약하면 매사에 즉비(卽非)가 살아 있는 삶을 살라고 하신 것입니다.

이미 즉비(卽非)가 살아 있는 삶이 보살의 삶이요, 여래의 삶이라고 말씀드린 적이 있습니다. 또한 여래의 삶, 보살의 삶이란 무아(無我)의 삶, 무위(無爲)의 삶, 무심(無心)의 삶이라고도 말씀드렸습니다. 이것이 복덕성(福德性)입니다. 이와 같이 다른 사람을 위하여 설하는 것이 곧 다른 사람을 위하여 설하지 않는 것이며[爲他人說 卽非 爲他人說], 이것이 금강경에서 지향하는 삶입니다. 이러한 삶을 사는 사람은 삼천대천세계에 칠보를 가득 채워 보시하여 받게 되는 복덕보다도 더 뛰어나다고 부처님께서는 말씀하고 계신 것입니다.

무아의 삶에는 자타(自他)가 없습니다. 이 삶 속에서 다른 사람을 위하여 법을 설하는 모양이 있더라도 곧 다른 사람을 위하여 설하는 모양이 아니게 됩니다. 다만 여기서 다른 사람이라고 말하는 것은 무위법(無爲法) 속에서 어울림의 표현으로 다른 사람이라고 부르고 있음을 알아야 합니다. 단순한 인식의 대상으로서 '나'와 '너'가 아닙니다. 전체의 열림 속에서 '나'를 세우지 않으면 따로 '너'가 없지만, 가상으로 있지 않는 나와 너를 세워 설명하고 있을 뿐입니다.

전체로 하나되는 삶 속에는 자타가 하나로 열려 있습니다. 이렇게 하나로 열려 있는 삶을 복덕의 삶이라고 부르며, 이 복덕의 성품을 지혜와 자비라고 할 수 있습니다. 그래서 부처님을 부를 때 '양족존(兩足尊)'이라고 합니다. '지혜와 자비를 구족하신 분'이라는 뜻입니다.

부처님께서는 "모든 부처님들의 위없는 바른 깨달음이 다 이 경에서 나왔다."고 하십니다. 이 금강경이 지향하는 바는 모든 상을 상으로 보지 않는 것, 다시 말하면 매사에 즉비가 살아 있는 것을 말합니다. 매사에 즉비가 살아 있어서 어떤 생각에도 얽매이지 않는 삶[應無所住]이 밝게 깨어 있는 삶이며, 이 삶을 여래의 삶이라고 부릅니다. 모든 부처님들의 위없는 바른 깨달음이 이 경에서 나왔다 하심은 이를 두고 이르신 것입니다. 부처님께서는 불법(佛法)도 불법(佛法)이 아니라고 하십니다. 우리가 어떤 것을 불법(佛法)이라고 세우게 되면 곧 그 상을 취하게 되는 것이므로 '내'가 있는 법을 사는 것이 됩니다.

다만 우리가 해야 할 일은, 말을 좇아 뜻을 저버리지 말고 곧 말이 가리키는 곳을 보아 일체를 놓고 또 놓아야 합니다. 이것은 지켜보기를 통해서 가능합니다. 한 생각이 일어나고 사라질 때마다 그 생각에 따라가지 말고 그 생각이 일어난 자리를 비추어 보면 곧 생각으로부터 벗어난 지켜보는 상태가 되어 있음을 알게 됩니다. 이것이 즉비가 살아 있는 삶입니다.

14.
'나'라고 하는 것은 실제로 존재하는 것이 아니라 범부의 견해 속에 망념으로 존재합니다.

편집자가 뽑은 한 문장

당신의 마음에 들어온
한 문장은 무엇인가요?

열네 번째 편지

一相無相分

須菩提 於意云何 須多洹 能作是念 阿得須陀洹果不 須菩提 言 不也世尊 何以故 須陀洹 名爲入流 而無所入 不入色聲香 味觸法 是名須陀洹 須菩提 於意云何 斯陀含 能作是念 我得 斯陀含果不 須菩提言 不也世尊 何以故 斯陀含 名一往來 而 實無往來 是名斯陀含 須菩提 於意云何 阿那含 能作是念 我 得我那含果不 須菩提言 不也世尊 何以故 阿那含 名爲不來 而實無不來 是故 名阿那含 須菩提 於意云何 阿羅漢 能作是 念 我得阿羅漢道不 須菩提言 不也世尊 何以故 實無有法名 阿羅漢 世尊 若阿羅漢 作是念 我得阿羅漢道 卽爲着我人衆 生壽者 世尊 佛說我得無諍三昧 人中 最爲第一 是第一離欲 阿羅漢 世尊 我不作是念 我是離欲阿羅漢 世尊 我若作是念 我得阿羅漢道 世尊卽佛說須菩提是樂阿蘭 那行者 以須菩提 實無所行 而名須菩提 是樂阿蘭那行

"수보리여, 어떻게 생각하는가, 수다원이 '나는 수다원과를 얻었다'는 생각을 하겠느냐?" 수보리 장로가 대답합니다. "그렇지 않습니다, 세존이시여. 왜냐하면 수다원이란, 성인(聖人)의 흐름[入流, 전체로 동시에 함께 사는 흐름]에 든 사람이라고는 하나, 참으로 들어갈 곳이 없으니 모양, 소리, 냄새, 맛, 접촉되는 것, 마음의 대상, 그 어디에도 들어가지 않는 사람을 수다원이라고 하기 때문입니다."

"수보리여, 어떻게 생각하는가, 사다함이 '나는 사다함과를 얻었다'는 생각을 하겠는가?" 수보리 장로가 대답합니다. "그렇지 않습니다, 세존이시여. 왜냐하면 사다함은 다시 한 번 인간 세상에 태어나 깨달을 사람[一往來]이라고는 하나, 참으로 가고 옴이 없는 사람을 사다함이라고 하기 때문입니다."

"수보리여, 어떻게 생각하는가? 아나함이 '나는 아나함과를 얻었다'는 생각을 하겠는가?" 수보리 장로가 대답합니다. "그렇지 않습니다. 세존이시여, 왜냐하면 아나함은 욕계에는 다시 태어나지 않는다[不來]고는 하나 참으로 다시 태어나지 않는 것도 없는 사람을 아나함이라고 하기 때문입니다."

"수보리여 어떻게 생각하는가, 아라한이 '나는 아라한도를 얻었다'는 생각을 하겠는가?" 수보리 장로가 대답합니다. "그렇지 않습니다, 세존이시여. 왜냐하면 아라한이라고는 하나, 참으로 아라한이라고 할 어떤 실체도 없기 때문입니다. 세존이시여, 만약 아라한이 '나는 아라한도를 얻었다'고 생각한다면 곧 아상, 인상, 중생상, 수자상에 집착하는 것입니다.

세존이시여, 세존께서는 저를 '다툼 없는 삼매[無諍三昧]를 얻은 사람 가운데 가장 뛰어 나다'고 말씀하시니, 이는 욕망을 떠난 데는 으뜸가는 아라한일 것입니다. 그러나 저는 '욕망을 떠난 아라한이다'라고 생각하지 않습니다. 세존이시여, 제가 만약 '아라한도를 얻었다'고 생각한다면, 세존께서는 수보리는 '다툼을 떠난 고요한 삶[阿蘭那行]을 즐기는 사람'이라고 하지 않으셨을 것입니다. 그러나 참으로 제가 행하는 바가 없기 때문에 저를 '다툼을 떠난 고요한 삶을 즐기는 사람'이라고 부르시는 것입니다."

강 해

사과(四果), 즉 수다원, 사다함, 아나함, 아라한에 대해서 다른 사람들은 어떻게 정의하고 있는지 알아보려고 소승사과라는 키워드로 검색해 보았습니다. 그 결과 여전히 그릇된 관념과 개념으로 이해하고, 대부분 그것들을 그대로 전달하고 있어서 순간 가슴이 답답함을 느꼈습니다. 그런 발언을 한 사람들이 이름 없는 필부이거나, 영향력이 크지 않는 스님들의 발언 이라면 이런 답답한 마음이 조금은 덜 할 터인데 종단의 내로라하는 큰스님들의 발언이고 보면 결코 가볍다고 할 수 없는 문제입니다.

보살님도 아시겠지만 '보디사트바'라는 개념은 초기불교부터 나타난 것이 아닙니다. 뒤에 대승불교의 뿌리가 됐던 부파불교 시대 대중부에 처음으로 도입되었던 개념입니다. 그러다 부파별로 그 부파의 특성과 정당성을 확보하기 위한 아비담마(논)들이 저술되기 시작하면서 수행의 위차도 세분화하게 됩니다. 화엄경에서는 수행의 위차를 열 단계로 나눠 '보살 십지'로 표현했고 '지도론' 등에서는 아홉 단계로 나누는 '구차제정'이라는 말로 달리 표현하고 있을 뿐입니다. 이것들은 시대적 사유방식과 개인의 경험을 바탕으로 같은 경지를 다른 언어로 설명하고 있음을 잘 알아야 합니다. 그렇기 때문에 수다원, 사다함, 아나함, 아라한의 경지와 보살 십지의 경계가 다르지 않은 것입니다. 대승불교 권에서 폄하의 의미로 표현한 소승사과(小乘四果)나 보살 십지가 다른 것이 아닌 것입니다. 본질에서 보면 범부(凡夫)와 성인(聖人)이 다름이 없지만 용심에 있어서는 확연한 차이가 있습니다. 범부는 사대(지,수,화,풍)와 망념이 공한 줄 모르기 때문에 그 결과로 일마다 나를 내세워 집착하고 분별하여 갈등과 번민 속에 빠져 살게 됩니다. 반면 성인은 무아의 도를 분명하게 체험한 결과로 사대와 망념이 본래로부터 공한 줄 알아 일마다 머무름과 얽매임 없이 동시 전체로 하나되어 살게 됩니다. 금강경에서 말하는 수다원이나 화엄경에서 말한 보살 십지 중 초지보살은 이제 막 성인의 삶을 살기 시작한 단계를 이르는 말입니다.

아비담마에서는 수다원 과위에 든 징표를 다음과 같이 말하고 있습니다.

첫째로, 아상이 없어지면서 무아(無我)의 도(道)를 확실하게 체험합니다. 그렇다고 무아의 도가 따로 특별한 상태로 존재한다는 생각을 가져서는 곤란합니다. 본래로부터 무아인데 다만 범부들이 그릇된 견해로 실재하지 않는 망념을 굳게 고집하여 제 스스로 아견, 인견, 중생견, 수자견이라는 견해에 떨어지는 것입니다. '나'라고 하는 것은 실제로 존재하는 것이 아니라 범부의 견해 속에 망념으로 존재합니다. 즉, 관념이 내가 되는 것입니다. 그 관념이라는 것을 바르게 깨어서[正念] 살펴보면 그 뿌리의 덧없음을 곧 알게 됩니다. 그래서 관념을 망념이라고도 부릅니다. 망념은 어둠과 같습니다. 그 실체가 없다는 말입니다. 즉비를 동반한 정념(正念)이 살아있으면 마치 빛이 들어오면 어둠이 사라지듯 망념은 흔적도 없이 사라집니다. 망념이 사라지게 되면 '나'라고 하는 견해를 중심으로 세웠던 모든 것이 사라지게 됩니다.

그래서 이것과 저것이 독립되고 고정된 실체로서 존재하는 것이 아니라 상호 의존 관계이고, 변화하는 흐름으로 존재하는 것임을 알게 됩니다. 그렇기 때문에 지금까지 굳게 지켜 왔던 '나'라고 하는 것, '나'의 것이라고 하는 것이 사라지게 됩니다. 이와 같이 '나'라는 견해가 사라지면 개인으로가 아닌 전체로 살게 됩니다. 이것이 동시 전체로 사는 '무아의 도'에 들어가는[入流] 것이 되는 것입니다. 이 '무아의 도' 속에는 이기적인 욕망과 무지 대신, 자비와 지혜의 흐름이 자리합니다.

두 번째로는, 부처님과 그 가르침에 대한 신심이 생깁니다. 이 신심이라는 것도, 자기가 있는 법을 사는 사람의 신심과는 전혀 다릅니다. 자기가 있는 법을 사는 사람의 신심은 다분히 관념적입니다. 그 관념을 이루게 된 배경과, 시대 상황, 교육 등이 바뀌게 되면 관념으로 존재하는 신심은 여지없이 무너져 버리고 맙니다. 그러나 '무아의 도'를 확실하게 체험한 사람의 신심은 그 무엇으로도 무너뜨릴 수 없습니다. 왜냐하면 그것은 모양이 아니고 고정된 관념이 아니기 때문입니다. 무너뜨리려 해도 무너뜨릴 실체가 없고, 바꾸려 해도 바꿀 대상이 없습니다. 이와 같은 경계를 부처님께서는 '불법이라는 것도 곧 불법이 아니다.'라고 하신 것입니다.

유위법의 삶을 사는 범부에게는 불법(佛法)도 다분히 관념적일 수밖에 없습니다. 그 삶은 동시 전체로 살면서 어떤 움직임과 흐름에도 얽매이지 않는 삶이 아니고, 일마다 이리 나누고 저리 분별하는 삶이라서 시비가 따르게 됩니다. 그 시비 속에 불법이 불법으로 고정되어 있고, 불법 아닌 것이 불법 아닌 것으로 고정되어 있습니다. 이러한 가운데 체험하는 그 어떤 특별한 경계도 깨달음이라고 부를 수는 없습니다. 깨달음은 어떤 체험의 경계를 이르는 말이 아니라 무심 자체를 말하기 때문입니다. 즉 함이 없는 법, 즉 나와 너를 나누는 일체의 작용이 사라진 곳, 불법이 곧 불법이 아닌 곳에 이르러야 무심의 세계, 깨달음의 세계가 드러납니다. 유위법의 세계에서는 일마다 '나'를 세우게 되니 자비심 보다는 이기적 욕망이 자리하게 되고 지혜보다는 갈등과 시비심이 자리하게 됩니다. 그러나 앞서 말씀드린 바 있듯이 그것들은 실재하는 실상이 아니라 관념으로 이루어진 망념에 불과하므로 즉비가 동반된 정념이 살아 있게 되면 곧 사라집니다. 이때 드러난 우리 근원의 실상인 지혜와 자비가 하나로 어우러져 흐를 때야 비로소 깨달음의 세계, 무심의 세계가 열렸다고 말할 수 있을 것입니다.

지금까지는 '이것은 불법이고 저것은 아니다. 혹은 저것은 선이고 이것은 악이다.'라는 한정과 한계를 정해놓고 선(禪) 혹은 불법을 얻으려 했습니다. 그러나 바른 살핌[卽非] 바른 주의 집중(正念)을 통하여 이렇게 하여 무엇인가를 얻으려 했던 것이 잘못된 것임을 알게 됩니다.

이와 같은 경험을 통하여 어떤 한쪽 견해에 치우친 생각을 버리고 긍정과 부정을 동시에 지향하는 무유정법을 경험하게 됩니다. 이렇게 되어야 비로소 바르게 부처님을 이해하게 되고, 부처님 가르침을 실답게 이해하게 되어 참다운 믿음이 생겨납니다.

세 번째는 연기법을 이해하게 되는 것입니다. 유위법의 세계 속에 살 때는 독립되고 고정된 내가 있고 불변하는 실체가 있다는 생각을 가지고 살았습니다. 그러나 '무아의 도'를 체험하게 되면 그것들은 사유 속에서 빚어낸 관념과 망념임을 알게 됩니다. 더불어 이것이 있는 것은 저것이 있기 때문임을 알게 됩니다. 그 성질이 고정 불변한 것은 그 어떤 것도 없습니다. 다만 연기적 흐름인 조건과 조건의 만남 속에 이루어졌다가 사라지고, 이루어졌다 사라지는 연기적 화합상임을 분명하게 깨우치게 되는 것입니다. 이와 같이 범부의 삶인 유위법의 세계를 벗어나 동시 전체로 사는 무심의 삶에 들어섰을 때를 입류(入流), 즉 성인의 삶인 함께 사는 흐름에 들었다고 하는 것입니다.

금강경에서 말씀하시는 바와 같이 무아의 도에 통달한 사람을 보살이라 한다고 했습니다[通達無我法者 眞是菩薩]. 성인의 흐름에 들었다는 것은 '무아의 도'를 체험한 사람을 이르는 말이라고 위에서 논서를 전거로 하여 밝혔습니다. 수다원 과위에 든 사람과 보살이 무슨 차이가 있습니까? 우리가 불교 공부를 한다고 하면서 행간을 읽지 못하고 말에 떨어지는 어리석음을 범하여서는 안 됩니다. 사람들 근기의 높낮이는 있을지라도 부처님 가르침의 높낮이는 없습니다.

부처님께서 말씀하신 바와 같이 말씀 그 자체는 진리가 아니라 환자의 상태에 따라 처방된 처방전이라는 것을 유념해야 합니다. 염불 수행을 통해서 무위의 도에 들어간 사람도 있고, 화두를 참구하여 무위의 도에 들어간 사람도 있을 것입니다. 많은 한국 승려들이 그토록 무시하고 폄하하는 사념처관을 통하여서도 얼마든지 무위의 삶을 누릴 수 있습니다.

15.
알아차린 그 마음이 연등불이요, 수기를 받는 일이 될 것입니다.

편집자가 뽑은 한 문장

당신의 마음에 들어온
한 문장은 무엇인가요?

_____

_____

_____

_____

_____

_____

_____

열다섯 번째 편지

莊嚴淨土分

佛告須菩提 於意云何 如來 昔在燃燈佛所 於法有所得不 不也世尊 如來在燃燈佛所 於法實無所得 須菩提 於意云何 菩薩 莊嚴佛土不 不也世尊 何以故 莊嚴佛土者 卽非莊嚴 是名莊嚴 是故 須菩提 諸菩薩摩訶薩 應如是生淸淨心 不應住色生心 不應住聲香味觸法生心 應無所住 而生其心 須菩提 譬如有人 身如須彌山王 於意云何 是身爲大不 須菩提言 甚大世尊 何以故 佛說非身 是名大身

부처님께서 수보리에게 말씀하셨습니다. "수보리여, 어떻게 생각 하느냐? 여래가 옛적에 연등불 회상에서 얻은 바 법이 있었느냐?"

"없습니다, 세존이시여! 여래께서 연등불 회상에서 실로 얻은 바 법이 없었습니다."

"수보리여, 그대 생각은 어떠한가? 보살이 불국토를 아름답게 장엄하겠느냐?"

"아닙니다, 세존이시여! 제가 이해하기로는 불국토를 아름답게 꾸민다는 것은 아름답게 꾸미는 것이 아니므로 아름답게 꾸민다고 말하기 때문입니다."

"그러므로 수보리여! 모든 보살마하살은 이와 같이 깨끗한 마음을 내어야 한다. 형색에 집착하지 않고 마음을 내어야 하고 소리, 냄새, 맛, 감촉, 마음의 대상에도 집착하지 않고 마음을 내어야 한다. 마땅히 집착 없이 그 마음을 내어야 한다. 수보리여! 어떤 사람의 몸이 산들의 왕인 수미산만큼 크다면 그대 생각은 어떠한가? 그 몸이 크다고 하겠는가?"

수보리가 대답하였습니다. "매우 크옵니다, 세존이시여. 왜냐하면 부처님께서 말씀하신 몸은 몸이 아니라 이름이 큰 몸이기 때문입니다."

강해

부처님께서 묻고 계십니다. "옛날 연등불 회상에 계실 적에 얻은 바 법이 있었느냐?"[如來昔在燃燈佛所 於法有所得不]라고. 예전에 도올 선생이 금강경을 강해하신 적이 있었습니다.

그때 하신 말씀 중에 "금강경은 같은 주제를 계속 변주하여 반복하는 방식이 마치 베토벤 교향곡 '운명'과 매우 닮았다."고 하신 것을 들은 적이 있었습니다. 누구나 한번쯤 '부처님은 왜 같은 뜻을 지닌 말씀을 반복하여 말씀하실까?'라는 의문을 가져 보셨을 겁니다. 그것은 우리 범부의 사고방식(내가 있다고 사고하는 방식) 때문에 그렇습니다. 범부의 사고방식은 늘 내가 있습니다. 장면의 전환 전환마다 나타나는 그림을 분별적 사고로 대합니다.

다른 말로 설명하자면 범부는 관성대로 사고합니다. 그 사고 속에는 과거가 있고 미래가 있습니다. 그 속에는 과거의 연등불이 있고 얻은 바 법이 있습니다. 반면 보살의 사유방식은 온전히 받아들이고 온전히 되돌려주는 것입니다. 다시 말하자면 이 순간을 전심전력을 다해서 살고 전심전력으로 되돌리는 삶을 여래의 삶 또는 보살의 삶이라 부릅니다. 그 삶에는 과거와 미래가 없습니다. 오직 지금 이순간만이 찬란하게 빛날 뿐입니다.

부처님은 (내가 있는) 분별적 사고가 일어날 때마다 그 사고를 즉각 끊어내고 즉비(卽非)를 살려 내기 위해서 같은 뜻을 지닌 말씀을 반복하고 계신 것입니다.

주지하다시피 수보리는 아라한 도에 든 사람입니다. 아라한은 나 없는 삶을 사는 사람입니다. 무아(無我)를 대승불교식으로 부르자면 보살의 삶을 사는 사람입니다. 보살의 삶에는 스스로 정한 한계가 없습니다. 시간과 공간은 자기 한정 속에 세워진 허상입니다. 깨달음이란 자기 한정을 벗어난 상태, 즉 무심의 삶을 말합니다. 그래서 한정 짓지 않은 마음을 위없는 바른 깨달음[無有定法 是名阿耨多羅三藐三菩提]이라 부르는 것입니다.

그래서 수보리 존자는 "아닙니다, 세존이시여. 여래께서 연등불 회상에서 실로 얻은 바 법이 없습니다."라고 하신 것입니다. 여기서 극명하게 드러난 것이 무아를 실천하는 보살의 삶과, 내가 있는 범부의 삶의 태도입니다. 범부는 과거의 경험을 바탕으로 이뤄진 기억을 현재의 삶과 연결지어서 살고 있습니다. 보살은 모든 순간을 영원처럼 살고 있습니다.

그 삶 속에는 늘 새로운 삶이 있을 뿐 시간과 공간이 따로 존재하지 않습니다. 오직 지금 이 순간만이 존재할 뿐입니다. 과거, 현재, 미래는 차별과 분별적 사고 속에서만 존재하기 때문입니다. 따라서 수보리 존자에게 있어서 연등불은 과거 역사 속 인물이 아닌 지금 여기에서 밝게 깨어 있는 마음, 즉 지혜가 연등불인 것입니다.

예를 들어 보겠습니다. 여기 '홍기찬'이란 이름을 가진 수행자가 있습니다. 그 수행자가 마음밖에 불보살이 있고 법이 있는 것으로 착각하여 많은 시간과 노력을 쏟아 부었습니다. 그러나 오랫동안 수고로움만 더하다가 선지식의 지시입로(指是入路)에 힘입어 마침내 부처란 바로 이 마음을 기리키고 있음을 알아차립니다.

그때 알아차린 그 마음이 연등불이요, 수기를 받는 일이 될 것입니다. 그러니 반야경에서 말한 '밝게 빛나는 마음'을 연등불이라고 받아들여야 바르게 금강경을 이해했다고 할 수 있습니다.

혹은 어떤 사람이 아래와 같이 의문을 나타낼 수 있습니다. "스님, 제가 《수행본기경(修行本起經)》을 읽어 보았는데요, 그 경에는 '과거세에 재화위국에 등성이라고 부르는 성스러운 임금이 있었다. 그는 임종 때 정광태자에게 나라를 맡겼다. 그러나 태자는 세상의 무상함을 알고서 동생에게 나라를 물려주고 출가하여 사문이 되었다. 그는 여러 해의 수행 뒤에 성불하여 부처가 되었으니, 그가 바로 연등불(정광불)이다. 그때에 선혜 혹은 유동(儒童)이라 부르는 수행자가 있었다. 그는 부처님이 세상에 나타났다는 말을 듣고서 직접 만나 가르침 듣기를 원했으며 마침내 편력하며 교화하는 연등불(정광불)을 만나게 되자 연꽃을 부처님에게 공양하고, 머리털을 진흙에 깔아 부처님이 밟고 지나도록 했다. 연등불(정광불)은 유동에게 후세에 성도하여 부처가 되리라는 수기를 주었는데 이 수행자가 바로 석가모니불이다.' 제가 읽어본 경에는 이렇게 유동 수행자가 과거 연등불(정광불)에게 수기를 받았다고 기록되어 있는데 부처님께서 거짓말을 하셨다는 말입니까?" 라는 질문을 충분히 할 수 있다고 생각합니다.

  결론부터 말씀드리자면 금강경에서 말씀하고 계신 것처럼 부처님은 실어자(實語者)요, 진실어자(眞實語者)입니다. 즉 실다운 말씀만 하시고 진실만을 말씀하신다는 것이지요. 다만 앞에서 말씀드렸다시피 법에는 높낮이가 없고 사람에도 높낮이가 없지만, 그 상황과 그 행위에는 근기의 우열이 없을 수가 없습니다. 부처님께서는 그 근기에 맞춰 방편을 설하신 것이라고 이해하시면 됩니다.

그 다음 "수보리여! 그대 생각은 어떠한가? 보살이 불국토를 아름답게 장엄하는가?[須菩提 於意云何 菩薩莊嚴佛土不]" 부처님께서 묻습니다. 수보리가 여래가 말한 장엄을 어떻게 이해하고 받아들이는지를 묻는 것입니다. 수보리존자의 대답은 명확합니다. "부처님께서 장엄이라고 말씀하신 것은 장엄이 아니라 이름이 장엄입니다."

풀어보자면 이러합니다. 부처님께서 말씀하신 장엄은 무념(無念)으로 위종(爲宗)하고 무위(無爲)로 본체(本體)를 삼으며 무주(無住)로 위본(爲本)하는 것입니다. 즉 부처님의 불국토는 생각이 일어나기 전의 무념으로 기둥을 삼고, 함이 없는 무위로 대들보로 삼고, 머무름 없는[無住] 마음으로 지붕을 삼는 것이지요. 부처님 세상에는 어떤 유위적인 행위와 마음도 없습니다. 유위적인 마음이란 개념을 말합니다. 개념에는 늘 상대가 있습니다. 부처님의 깨달음이란 중도실상입니다. 중도실상은 양변을 여읜 마음을 말합니다. 무엇을 한다는 것, 예를 들어서 국토를 장엄한다는 것은 다 유위의 삶을 사는 행위입니다.

"그러므로 수보리여! 모든 보살마하살은 이와 같이 깨끗한 마음을 내어야 한다. 형색에 집착하지 않고 마음을 내어야 하고 소리, 냄새, 맛, 감촉 등 마음의 대상에도 집착하지 않고 마음을 내어야 한다. 마땅히 집착 없이 그 마음을 내어야 한다[諸菩薩摩訶薩 應如是生淸淨心 不應住色生心 不應住聲香味觸法生心 應無所住 而生其心]."

그럼 여기서 말한 이와 같이 청정한 마음을 내야 한다[應如是生淸淨心]는 것에서 청정한 마음은 무엇일까요? 그것은 더럽다거나 깨끗하다거나 하는 양변을 떠난 마음을 말합니다. '내'가 있는 삶의 사유방식에는 늘 상대가 있습니다. 상대가 있는 삶의 방식에는 늘 갈등과 소외가 드러납니다. 그래서 청정한 마음이란 양변을 여읜 중도실상을 말합니다. 양변을 여읜 청정한 마음은 모든 것을 온전히 수용함으로써 열린 삶을 살게 됩니다.

"수보리야, 비유하건데 어떤 사람의 몸이 산의 왕인 수미산만 하다면 어떻게 생각하느냐? 그 몸은 크다고 할 수 있겠느냐? 심히 크옵니다, 세존이시여. 어째서 그러하냐면 세존께서 말씀하신 몸은 몸이 아니라 이름이 큰 몸이기 때문입니다[須菩提 譬如有人 身如須彌山王 於意云何 是身爲大不 須菩提言 甚大世尊 何以故 佛說非身 是名大身]."

이 글을 쓰고 있을 때 한 처사님이 찾아와서, 금강경에 부처님께서는 뭐든지 크다고 말씀하시던데 그렇게 말씀하신 특별한 이유가 있는지를 묻더군요. 대답은 당연이 없다였지요. 부처님 몸은 형상이 아니어서 크고 작은 것의 범주를 벗어나므로 한계를 정할 수가 없다고 알려드렸지요. 내가 있는, 범부의 사고에서는 작고 큰 것이 있겠지만 수보리 존자처럼 아라한 도에 이른 사람에게는 사량 분별이 없습니다. 무분별의 삶을 살고 있는 수보리 존자는 분별의 삶을 살고 있는 이들을 위하여 끊임없이 확인하고 있는 것입니다.

16.
지금 이 삶이 있는 곳이 경전이 있는 곳이라고 생각해야 합니다.

편집자가 뽑은 한 문장

당신의 마음에 들어온
한 문장은 무엇인가요?

열여섯 번째 편지

無爲福勝分

須菩提 如恒河中所有沙數 如是沙等恒河 於意云何 是諸恒河沙 寧爲多不 須菩提言 甚多世尊 但諸恒河 尙多無數 何況其沙 須菩提 我今實言告汝 若有善男子善女人 以七寶 滿爾所恒河沙數 三千大千世界 以用布施 得福多不 須菩提言 甚多世尊 佛告須菩提 若善男子善女人 於此經中 乃至受持四句偈等 爲他人說 而此福德 勝前福德

尊重正敎分

復次須菩提 隨說是經 乃至四句偈等 當知此處 一切世間天人阿修羅 皆應供養 如佛塔廟 何況有人盡能受持讀誦 須菩提 當知是人成就最上第一希有之法 若是經典所在之處 卽爲有佛 若尊重弟子

"수보리여, 갠지스강의 모래 수와 같은 갠지스강이 있다면 어떻게 생각하는가? 이 모든 갠지스강의 모래가 많지 않겠는가?" 수보리가 말하였다. "심히 많습니다, 세존이시여.

단지 모든 갠지스강도 무수히 많거늘 하물며 그 모래는 어떻겠습니까?" "수보리여. 내가 진실로 네게 이르노니, 만일 선남자 선여인이 칠보로써 갠지스강의 모래 수와 같은 삼천대천세계를 가득 채울 만큼 보시한다면 그 복덕이 많지 않겠는가?" 수보리가 말하였다. "심히 많습니다, 세존이시여." "또한 수보리여, 때에 따라 이 경을 사구게만이라도 설한다면 이 장소는 일체 세상 사이에 있는 하늘, 인간, 아수라가 모두 응하여 부처님의 탑묘와 같이 공양할 것이다. 하물며 어떤 사람이 정성을 다해 능히 받아 지니고 읽고 외운다면 어떠하겠는가? 수보리여, 마땅히 알지니 이 사람은 최상의 제일 희유한 법을 성취한 것이다. 이 경전이 있는 장소에는 곧 부처님과 존중받는 제자가 함께 계신다고 할 것이다."

강해

금강경은 여래의 마음입니다. 여래의 마음은 무상·무위·무주(無相·無爲·無住)입니다. 따라서 여래는 무아의 삶을 삽니다. 무아의 삶은 열린 삶입니다. 금강경 가르침대로 산다는 것은 보살도를 실천하고 산다는 것입니다. 그 실천이 바로 육바라밀 실천입니다. 육바라밀은 완전한 자기 비움입니다.

"수보리야, 만약 선남자 선여인이 이 경 중에서 사구게만이라도 받아 지니고 다른 사람을 위하여 설해 준다면 이 복덕은 앞서 칠보로 보시한 복덕보다 더 수승하다.[須菩提 若善男子善女人 於此經中 乃至 受持四句偈等 爲他人說 而此福德 勝前福德]"라고 하십니다.

금강경은 자기 비움이라고 말씀드렸습니다. 사구게 등을 받아 지녀 읽고 외운다는[受持讀誦] 것은 자기 비움을 실친히며 산다는 얘기입니다. 또 다른 이를 위하여 설한다는 것은 자기 비움이야말로 무량한 복덕을 쌓는 일임을 전하는 일입니다. 왜 그런가 하면 진정으로 자기를 비우게 되면 그 자리에 한량없는 복덕과 지혜가 채워지기 때문입니다.

삼천대천세계를 가득 채운 칠보로 보시하는 것보다 이 복덕이 더 크다고 말씀하신 것은 전자는 유위의 복덕이요, 후자는 무위의 복덕이기 때문입니다. 받아 지니고 외운다는 것은 이 가르침을 완전히 자기 몸속에 녹여 낸 것을 말합니다. 다른 말로 하면 나 없는 법을 증득하여 상대가 나타날 때마다 이리저리 재고 사량하는 것을 곧 알아차려 멈추라는 것입니다. 이 역시 즉비(卽非)가 살아 있음을 말합니다. 또한 그런 사람을 가리켜 세상에 제일 으뜸가는 드문 법[最

上第一稀有之法]을 성취했다고 말씀하시는 것입니다.

금강경 가르침인 무아의 법에 통달한 보살의 삶을 살게 되면 이리 나누고 저리 나누는 이해타산과 이것은 배격하고 저것은 소외시키는 분별적 사고가 사라집니다. 그렇게 되면 오직 둘이 아닌 한 흐름으로 흐르게 되지요. 그 흐름은 부정적 흐름에서 긍정적인 흐름으로 바뀌게 됩니다. 이와 같은 흐름을 타고 사는 사람은 세상에서 가장 희유한 법을 성취한 사람입니다.

그 다음 대목이 '경전이 있는 곳[是經典所在之處]'에 관한 말씀입니다. 여기서 서산대사 오도송을 살펴보고 가겠습니다.

게송

髮白非心白 발백비심백
古人曾漏洩 고인증누설
今聞一聲鷄 금문일성계
丈夫能事畢 장부능사필
忽得自家處 홀득자가처
頭頭只此爾 두두지차이

萬千金寶藏 만천금보장
元是一空紙 원시일공지

머리는 세어도 마음은 늙지 않는다고
옛사람이 이미 누설하였네.
오늘 닭 우는 소리를 듣고
장부의 일대사를 능히 마치고
홀연히 제 집을 얻으니
두두물물이 다만 이것이었네.
천언만어의 경전들은
원래 한 장의 빈종이일 뿐!

 제가 지금보다 더 젊었을 때 저의 스승님으로부터 이 게송에 관한 가르침을 받은 적이 있습니다. 기억나는 대로 옮겨 보겠습니다. "어디 서산대사의 깨달음을 기다려서 닭이 울었단 말이냐? 닭은 늘 하던 대로 때가 되니 그냥 울었을 뿐이다. 다만 깨달음을 얻게 된 서산대사의 태도이다. 발끝에서 머리끝까지 온몸의 세포가 전심전력으로 하나되어 들었기 때문에 닭 우는 소리가 우주를 울리는 소리로 들려 온 것이다."라고 말씀하셨던 걸로 기억합니다.

이 하나됨을 비움이라고 부릅니다. 비움이라 하니 무엇 하나 남기지 않은 상태를 떠올리기 쉬운데요, 비움이란 나와 네가 따로 있는 것이 아니니, 닭 울음소리와 서산대사가 동시에 전체로 한 흐름을 타고 흐르는 것이 진정한 비움입니다.

이 비움을 텅 비어 고요하고[空寂] 신령스럽게 아는 마음[靈知心]이라 합니다. 내가 없이 사는 삶을 여래의 삶이라 하고 여래의 삶을 사는 사람을 붓다라 할 수 있을 것입니다. 이러한 관점으로 본다면 이미 열린 삶을 살고 있는 것이어서 두두물물(頭頭物物)이 부처[佛]아닌 것이 없을 것입니다. 임제 선사의 수처작주 입처개진(隨處作主 立處皆眞)이라는 말씀도 이를 두고 한 말입니다. 인연을 따라 내가 처한 곳에서 주인공이 된다면 나타난 만물이 다 주인공의 성품을 지닌 붓다일 것입니다. 지금 이 삶이 있는 곳이 경전이 있는 곳이라고 생각해야 합니다.

17.

불교에서 말하는 유전윤회는 업을 지은 주체가 있어서 그 주체가 유전윤회하는 것이 아니라 별업(개인적으로 쌓은 경험)과 공업(사회적으로 쌓인 경험)이 구조화되어서 돌고 도는 것, 말하자면 윤회하고 있다는 생각을 윤회라고 부르는 것입니다.

편집자가 뽑은 한 문장

당신의 마음에 들어온
한 문장은 무엇인가요?

_____

_____

_____

_____

_____

_____

_____

열일곱 번째 편지

如法受持分

爾時 須菩提白佛言 世尊 當何名此經 我等云何奉持 佛告須菩提 是經名爲金剛般若波羅密 以是名字 汝當奉持 所以者何 須菩提 佛說般若波羅密 卽非般若波羅密 是名般若波羅密 須菩提 於意云何 如來有所說法不 須菩提白佛言 世尊 如來無所說 須菩提 於意云何 三千大千世界 所有微塵 是爲多不 須菩提言 甚多世尊 須菩提 諸微塵 如來說非微塵 是名微塵 如來說世界 非世界 是名世界 須菩提 於意云何 可以三十二相 見如來不 不也世尊 不可以三十二相 得見如來 何以故 如來說三十二相 卽是非相 是名三十二相 須菩提 若有善男子善女人 以恒河沙等身命布施 若復有人 於此經中 乃至受持四句偈等 爲他人說 其福甚多

이때 수보리가 부처님께 아뢰었다. "세존이시여, 이 경을 무엇이라 이름해야 하며 우리가 어떻게 받들어 지녀야 합니까?" 부처님이 말씀하셨다. "수보리여, 이 경의 이름은 금강반야바라밀경이니 이 이름으로 너희는 마땅히 받들어야 한다. 어찌 된 까닭인가? 수보리여, 여래가 말한 반야바라밀은 곧 반야바라밀이 아니며 그 이름이 반야바라밀이다. 수보리여, 어떻게 생각하는가. 여래가 법을 설한 적이 있었는가?" 수보리가 부처님께 말씀드렸다. "세존이시여, 여래는 설하신 바가 없습니다." "수보리여, 어떻게 생각하는가? 삼천대천세계에 작은 티끌이 많지 않겠느냐?" 수보리가 말하였다. "심히 많습니다, 세존이시여."

"수보리여, 여래가 말하는 모든 작은 티끌은 작은 티끌이 아닌 그 이름이 작은 티끌이다. 여래가 말하는 세계는 세계가 아니고 그 이름이 세계이다. 수보리여, 어떻게 생각하는가? 삼십이상으로 여래를 볼 수 있겠는가?" "아닙니다, 세존이시여. 삼십이상으로 여래를 볼 수가 없습니다. 왜냐하면 여래께서 말씀하시는 삼십이상은 곧 상이 아니며 그 이름이 삼십이상이기 때문입니다." "수보리여, 어떤 선남자 선 여인이 갠지스강의 모래 수만큼 수많은 목숨을 바쳐서 보시한 것과 같이 만약 어떤 사람이 이 경 중에서 사구게만이라도 다른 사람을 위하여 설한다면 그 복이 심히 많으니라."

강해

"이 경의 이름은 금강반야바라밀경이니 이 이름으로 너희는 마땅히 받들어야 한다.[是經 名爲金剛般若波羅蜜 以是名字 汝當奉持]" 앞서 금강은 여래의 마음이요, 여래의 마음은 자기 비움이라 말씀드렸습니다. 이 경의 제목을 의역 하자면 '자기 비움의 완성'이라 할 수 있겠습니다.

바라밀이란 완성을 향한 실천입니다. 한자로 의역하면 도피안(度彼岸)입니다. 도는 완성이고 피안은 실천이라 할 수 있습니다, 금강반야바라밀을 범어로 바즈라체티카 쁘라즈냐 피라미타 수트라 입니다. 우리말로는 벽력으로 어떠한 삿된 견해도 다 부수어 버리는 통찰지(通察智)를 뜻합니다. 내가 있는 삶속에서 세우는 견해는 어떠한 견해라도 다 삿된 견해입니다. 삿된 견해는 경향성을 띠고 있습니다.

그 경향성이 구조화되면 새로운 삶이 드러나더라도 처음 구조화된 경향으로 바라보고 유지하려는 속성을 띠고 있습니다. 마치 다람쥐 쳇바퀴 돌 듯 그 사슬을 벗어나지 못하고 정해진 삶을, 아니 정해진 사고를 가지고 살아가는 것이지요. 이런 상황을 가리켜 부처님께서는 윤회라는 표현을 쓰신 것입니다. 세상에 드러나 있는 제법의 실상은 잠시도 고정되어 있지 않고 변화된 흐름으로[條件生 條件滅] 나투고 있지만 삿된 견해 속에서는 고정된 현상으로 받아들입니다.

이왕 시작한 김에 조금 더 말씀드리겠습니다. 이 삶에서 지은 업의 결과로 다음 삶이 된다고 하는 가르침은 불교의 사상이 아니라 힌두교의 사상입니다. 붓다의 입멸 후 많은 시간이 흐르면서 그 사상들이 불교에 스며들어 마치 불교 사상인 것처럼 잘못 인식되어 받아들여지고 있는 겁니다. 중요한 부처님의 가르침 중에 하나가 "업을 지은 작자는 없고 다만 그 업의 과보만 있을 뿐이다."입니다. 이 말씀을 뒷받침 할 근거가 이 경의 핵심 사상인 아상, 인상, 중생상, 수자상이 없다는 것이지요. 이 세상에 드러나 있는 제상(諸相)은 인연생 인연멸(因緣生 因緣滅)이니 조건에 의하여 생했다가 조건이 다하면 사라지는 가합상(假合相)이라는 것이 이 경의 요지입니다. 즉 나라고 부를 만한 고정된 실체가 없다는 사실이 불교의 종지입니다. 나라고 부를 만한 실체가 없는데 윤회의 주체가 있다는 것은 논리의 근거가 부족한 것 아닐까요?

불교에서 말하는 유전윤회는 업을 지은 주체가 있어서 그 주체가 유전윤회하는 것이 아니라 별업(개인적으로 쌓은 경험)과 공업(사회적으로 쌓인 경험)이 구조화되어서 돌고 도는 것, 말하자면 윤회하고 있다는 생각을 윤회라고 부르는 것입니다. 물론 경전에 그런 오해를 살 만한 말씀들이 곳곳에 나타나 있습니다. 부처님 말씀은 늘 상대가 있는 대기설법입니다. 즉 방편을 설하신 것입니다. 달을 가리키면 달을 봐야지 손가락을 봐서야 되겠습니까? 이 경의 이름도 금강반야바라밀경이지만 이 이름에 착하는 순간에 이 경의 뜻과는 하늘과 땅만큼의 격차가 벌어지게 되는 것입니다. 그래서 부처님께서도 부처님께서 설하신 반야바라밀은 곧 반야바라밀이 아니어서 반야바라밀[佛說般若波羅蜜 卽非般若波羅蜜 是名般若波羅蜜]이라고 부른다고 하신 것입니다. 여기서 다시 서산대사의 선구(禪句) 한 구절 가져와 보겠습니다.

生也一片浮雲起　생야일편부운기
死也一片浮雲滅　사야일편부운멸
浮雲自體本無實　부운자체본무실
生死去來亦如然　생사거래역여연

태어난다고 하는 것은
구름 한 조각이 일어남이요,
죽어 간다고 하는 것은
한 조각구름이 흩어지는 것이다.
구름 자체는 실체가 없는 것이니
살고 죽는 것도 이와 같은 것이다.

게송

이 시에서 말하고 있는 것처럼 생명의 장에서 인과 연이 화합상(化合相)으로 모였다가 인과 연이 흩어지면 본래 나왔던 곳인 생명의 장으로 돌아갑니다. 닫힌 세계인 내가 있는 삶이 사라진다면 어떤 세계가 나타날까요? 곧 열린 세계가 나타납니다. 그렇게 되면 마음도 열린 마음으로 바뀌게 됩니다. 열린 마음의 속성은 사무량심(四無量心)인 자비희사(慈悲喜捨)입니다. 열린 마음의 모든 행위는 사무량심을 동반하고 있습니다. '나'를 중심으로 한 삶의 장에는 끊임없이 삼독심이 일어납니다.

반대로 나라는 관념이 사라진 삶의 장에서는 탐진치(貪嗔痴) 삼독심이 계정혜(戒定慧) 삼학으로 바뀌게 됩니다. 이 삼학 중에 계학은 이욕(離慾)입니다. 이욕은 하고자 하는 마음과 이별하는 것입니다. 이욕이 물러난 자리에 무위(無爲)가 자리합니다. 정학은 진(嗔)심이 사라진 자리에 드러납니다. 정학은 고요함이요, 평화로운 마음입니다. 그렇다고 해서 시끄러움의 반대 개념으로 생각하시면 안 됩니다. 일체의 시비 분별을 떠난 마음을 정학이라 이해하시면 됩니다. 치(痴)심이 사라진 자리에는 반야(慧)가 드러납니다. 반야는 밝은 마음입니다.

이렇게 삼학을 실천하면 지복(至福)이 드러납니다. 지복의 다른 이름이 열반입니다. 열반은 소멸을 뜻하기도 하지만 지극한 복을, 다시 말하면 상대적인 개념이 아닌 지극한 낙(樂)을 나타내기도 합니다. 여래의 마음입니다. 여래 마음을 실천적인 면으로 표현하자면 육바라밀 보살행입니다. 바라밀은 피안에 이르는 길이면서 지혜를 완성시키는 길입니다. '나'의 일어남을 명확히 알아차려서 그것을 따라가지 않는 것이 보살행, 즉 육바라밀 행입니다.

앞서 말씀드렸다시피 '나'가 있는 삶은 유위의 삶입니다. 유위의 삶에는 상대가 있고 상대가 있게 되면 끊임없이 이것과 저것으로, 나와 남으로 분열시킵니다.
예를 들어 보겠습니다. 동시 전체로 하나로 이루어져 있을 때는 있다는 생각도 없다는 생각도 없습니다. 이때 홀연히 나라고 하는 생각이 툭 튀어 나옵니다. 나라고 하는 생각은 필연코 너라는 생각을 창조해 냅니다. 너와 나라고 하는 생각 속에는 가고 옴이 생겨납니다. 가고 옴 속에서 공간과 시간이 생겨납니다. 공간과 시간 속에는 과거와 현재, 미래가 생겨나고, 멀고 가까움도 생겨납니다.

이렇듯이 나라고 하는 한 생각이(이 한 생각이 일어나기전의 모습을 임시로 법성이라 명명하겠습니다.) 삼라만상을 창조해 냈습니다. 그 법성은 원융하여 두 모습이 아니고 제법은 본래부터 고요하며 이름과 모양 일체가 끊어 졌거니[法性圓融無二相 諸法不動本來寂 無名無相絶一切].

생각[我相]은 나와 남을 나누고 이것과 저것으로 분열시켜 소외와 배제로 대립과 갈등을 자아냅니다. '나'가 사라지면 나머지는 저절로 사라집니다[凡所有相皆是虛妄]. 이렇듯 반야바라밀은 나라고 하는 전도몽상을 밝은 지혜로 바로 잡는 실천인 것입니다. 금강은 본래로부터 동시 전체로 열려 있는데, 전도몽상에 의해서 밝게 보지 못하고 있는 것입니다. 바라밀을 통해서 금강이 드러나면 법신·보신·화신이 나타납니다. 이 삼신은 일불(一佛)입니다. 전에 말씀드렸다시피 공(空:法身), 성(性:報身), 상(相:化身)이 일여(一如)입니다.

모든 모양[諸相]이 모양 아님[非相]을 삼신으로 표현하고 있습니다. 경의 말씀 중에 약견제상비상 즉견여래(若見諸相非相 卽見如來)도 이를 두고 하신 말씀입니다. 여래란, 아니 법신이란 정해진 모양이 없기 때문에 그 무엇으로도 깨뜨릴 수가 없습니다. 그래서 금강이지요. 지각 작용이 있는 모든 존재들이 육바라밀을 실천하면 누구라도 금강에 이를 수 있습니다.

금강은 존재를 있는 그대로 조금도 왜곡 없이 드러내 보이는 자기 확인이라 할 수 있을 것입니다. 보이면 보이는 것과 하나가 되고 들리면 들리는 소리와 하나가 되는 것입니다. 하나가 되면 상대가 사라집니다. 상대가 없으면 비교될 만한 나라는 것이 없게 되지요. 이 금강이 만상과 더불어 하나됨을 여의지 않은 채 작용하는 것을 육바라밀이라 하겠습니다. 정리하자면 금강을 법신이라 할 수 있고, 금강의 실천이 바라밀이라면 이것을 보신과 화신이라 할 수 있을 것입니다.

'금강경'은 반야공관(般若空觀)의 빈 마음으로 우리의 삶을 있는 그대로 전체 모습을 드러내 보입니다. 다음으로 여기서 부처님께서 설하신 반야바라밀이 곧 반야바라밀이 아니어서 이름이 반야바라밀[佛說般若波羅蜜 卽非般若波羅蜜 是名般若波羅蜜]이라 하십니다. 사람을 사람이라 불러도 사람이라는 이름자를 붙여 부르게 되면 곧 상을 취하게 되는 것이어서 내가 있는 삶을 살게 되는 것입니다. 그 속에는 사람 아닌 것이 있게 되고 온갖 소외와 분별이 일어납니다.

그러한 사고 속의 예로써 식민지 시대에 백인의 사고를 보겠습니다. 백인들은 그들이 유색인종을 지배하는 것이 정당하다는 자기위주의 사고를 했던 것입니다. 때문에 반야바라밀이 곧 반야바라밀이 아니어서 이름이 반야바라밀이라고 하신 것입니다. 우리가 반야바라밀을 무아, 무상이라고 정하는 순간 무아, 무상이 아니게 되는 것입니다.

노자도 도덕경에서 "도를 도라고 할 수는 있지만 늘 고정된 도는 아닌 것이다. [道可道 非常道 名可名 非常名]"라고 하지 않았던가요? 이름도 붙여진 이름으로 부를 수는 있겠지만 이름이 그것의 정체성을 나타내고 있는 것은 아니라는 것입니다. 세상에 드러난 모든 현상은 고정된 상태로 존재하지 않습니다. 조건에 의해서 발생했다가 조건이 다하면 흩어지는 연기적 관계로 존재합니다.

다음은 삼십이상으로 여래를 볼 수 있느냐고 물어 보시자, 아니라고 대답합니다[可以三十二相見如來不. 不也 世尊].

무릇 있는 바 고정되어 있는 것처럼 보이는 모든 모양은 사실 상호 의존적 연기로 이루어져 있어서 인과 연이 다하면 정해지지 않은 모습으로 돌아갑니다. 만일 모든 상을 고정불변 한 모습이 아닌 연기의 화합 상으로 보게 되면 곧 여래의 모습을 볼 것입니다[凡所有相 皆是虛妄 若見諸相非相 卽見如來].

삼십이상, 즉 외견으로 여래의 모습을 본다면 그 모습이 여래의 모습이 아닌 것은 아니지만 그렇게 보는 것은 편향된 모습만 보는 것입니다. 삼십이상이라는 작용으로 나타난 모습인 용(用)과 그것의 성품인 사무량심인 상(相)과 그것 이전의 체(體), 즉 '체·상·용'을 동시에 전체로 보아야 바르게 여래를 보았다 할 것입니다.

따라서 금강반야바라밀이란 범부의 아견으로 상을 나누지 않은 빈 마음이 하나됨을 드러낸 것이라고 말하고 있습니다. 다른 상과 비교에 의한 반야는 참된 반야가 아닙니다. 오롯이 빈 마음 자체를 반야라고 부르는 것입니다.

그것이 밝음입니다. 사각지대가 없이 전체를 밝게 비추는 마음을 유식에서는 대원성지(大圓聖智), 또는 대원경지(大圓鏡智)라 부릅니다.

18.
더불어 사는 세상, 함께하는 흐름으로 사는 국토를 정토라고 부릅니다.

편집자가 뽑은 한 문장

당신의 마음에 들어온
한 문장은 무엇인가요?

_____

_____

_____

_____

_____

_____

_____

열여덟 번째 편지

離相寂滅分

爾時 須菩提 聞說是經 深解義趣 涕淚悲泣 而白佛言 希有世尊 佛說如是甚深經典 我從昔來所得慧眼 未曾得聞如是之經 世尊 若復有人 得聞是經 信心淸淨 卽生實相 當知是人 成就第一希有功德 世尊 是實相者 卽是非相 是故 如來說名實相 世尊 我今得聞如是經典 信解受持 不足爲難 若當來世後五百歲 其有衆生 得聞是經 信解受持 是人卽爲第一希有 何以故 此人 無我相人相 衆生相壽者相 所以者何 我相卽是非相 人相衆生相壽者相卽是非相 何以故 離一切諸衆生相 卽名諸佛 佛告須菩提 如是如是 若復有人 得聞是經 不驚不怖不畏 當知是人 甚爲希有 何以故 須菩提 如來說第一波羅蜜 非第一波羅蜜 是名第一波羅蜜 須菩提 忍辱波羅蜜 如來說非忍辱波羅蜜 何以故 須菩提 如我昔爲歌利王 割截身體 我於爾時 無我相 無人相 無衆生相 無壽者相 何以故 我於往昔節節支解時 若有我相人相衆生相壽者相 應生瞋恨 須菩提 又念過去於五百世 作忍辱仙人 於爾所世 無我相 無人相 無衆生相 無壽者相 是故 須菩提 菩薩 應離一切相 發阿耨多羅三藐三

菩提心 不應住色生心 不應住聲香味觸法生心 應生無所住心
若心有住 卽爲非住 是故 佛說菩薩 心不應住色布施 須菩提
菩薩 爲利益一切衆生 應如是布施 如來說一切諸相 卽是非相
又說一切衆生 卽非衆生 須菩提 如來是眞語者 實語者 如語
者 不狂語者 不異語者 須菩提 如來所得法 此法無實無虛 須
菩提 若菩薩 心住於法 而行布施 如人入闇 卽無所見 若菩薩
心不住法 而行布施 如人有目 日光明照 見種種色 須菩提 當
來之世 若有善男子善女人 能於此經 受持讀誦 卽爲如來 以
佛智慧 悉知是人 悉見是人 皆得成就無量無邊功德

　이때 수보리가 이 경을 설하심을 듣고 깊이 그 뜻을 깨달아 눈물을 흘리고 흐느껴 울면서 부처님께 고하였다. "희유하옵니다, 세존이시여. 부처님께서 이와 같이 심히 깊은 경전을 설하셨는데 제가 예로부터 내려오는 혜안을 얻었으나 아직 이와 같은 경을 얻어 듣지 못했습니다. 세존이시여, 만약 또한 어떤 사람이 이 경을 얻어 듣고 신심이 청정하면 곧 실상이 나타나리니 이 사람이 제일 희유한 공덕을 성취한 것임을 마땅히 알아야 합니다. 세존이시여, 이 실상은 곧 상이 아니기에 여래께서 그 이름이 실상이라고 말씀하시는 것입니다. 세존이시여, 내가 지금 이와 같은 경전을 얻어 듣고 믿고 이해하고 받아 지니는 것은 어렵지 않으나 만약 내세 500년 후 그 어떤 중생이 있어서 이 경을 얻어 듣고 믿고 이해하고 받아 지닌다면 이 사람을 일러 제일 희유하다고 할 것입니다.

왜냐하면 이 사람은 아상이 없고 인상이 없고 중생상이 없고 수자상이 없기 때문입니다. 무슨 까닭인가 하면 아상은 곧 상이 아니고 인상, 중생상, 수자상도 곧 상이 아닙니다. 왜냐하면 일체의 모든 상을 떠난 것을 이름하여 곧 모든 부처님이라 하기 때문입니다." 부처님이 수보리에게 말씀하셨다. "그러하다. 그러하다. 만약 또한 어떤 사람이 이 경을 얻어 듣고 놀라거나 겁내지 않으며 두려워하지 않는다면 이 사람은 심히 희유할 것임을 마땅히 알라.

왜냐하면 수보리여, 여래가 설한 제일바라밀은 곧 제일바라밀이 아니며 그 이름이 제일 바라밀이기 때문이다. 왜냐하면 수보리여, 내가 옛날에 가리왕에게 신체를 베이고 잘릴 때에도 나는 아상도 없었고 인상도 없었으며 중생상도 없었고 수자상도 없었다. 왜냐하면 내가 지나간 옛날에 마디마디 사지가 해체될 때 만약 아상·인상·중생상·수자상이 있었다면 당연히 성냄과 원한이 생겼을 것이다. 수보리여, 또한 생각해 보건대 과거 오백세 동안 인욕선인이었는데 그때의 세상에서도 아상도 없었고, 인상도 없었으며, 중생상도 없었고, 수자상도 없었다.

그러므로 수보리여, 보살은 마땅히 일체의 상을 떠나서 아뇩다라삼먁삼보리심을 낼지니 응당 모양에 머물러서 마음을 내지 말며 응당 색, 성, 향, 미, 촉, 법에 머물러서도 마음을 내지 말고 응당 머문 바 없는 마음을 내야 한다. 만약 마음이 머무름이 있으면 곧 머무름이 아닌 것이다. 그러므로 부처님께서는 말씀하신다. 보살은 응당 모양에 머무름 없이 보시해야 한다. 수보리여, 보살은 일체중생의 이익을 위하여 응당 이렇게 보시해야 한다. 여래께서 말씀하시길 일체 모든 상은 곧 상이 아니라 하셨고 또한 말씀하시길 일체 중생도 중생이 아니라 하셨다. 수보리여, 여래는 참된 말을 하는 자이고, 진실한 말을 하는 자이고, 같은 말을 하는 자이며, 허황된 말을 하지 않는 자이며, 다른 말을 하지 않는 자이다. 수보리여, 여래가 얻은 바 이 법은 실체도 없고 헛되지도 않다.

수보리여, 만약 보살이 마음을 법에 머물러 보시한다면 사람이 어둠 속에 들어가 곧 보는 바가 없는 것과 같고, 만일 보살이 마음을 법에 머물지 않고 보시 한다면 사람이 눈도 있고 햇빛도 밝게 비추어 가지가지 모양을 보는 것과 같다. 수보리여, 오는 세상에 만약 선남자 선여인이 능히 이 경을 받아 지니고 읽고 외운다면, 여래가 부처의 지혜로써 이 사람을 다 알며 이 사람을 다 보아 모두 한량없고 가없는 공덕을 성취하게 될 것이다."

강해

본문으로 들어가 보겠습니다. '이때에 수보리 장로가 이 경의 말씀을 듣고 깊이 그 뜻을 이해하고 나서[爾時 須菩提 聞說是經 深解義趣]'라는 말이 나옵니다. 심해의취(深解義趣)라는 말은 그 말씀과 뜻이 하나된 때를 이르는 말로 한자로는 계합(契合)이라 부릅니다. '나'가 사라져 온전히 말씀과 하나된 때를 심해(深解)라고 합니다.

다음을 봅시다. 눈물 흘리며 흐느껴 우는 체루비읍(涕淚悲泣)은 동체대비를 말합니다. 마음을 비우는 공부를 한다는 것은 일체의 모든 생명들과 함께하며 한 어울림으로 사는 것입니다. 계속해서 수보리는 말합니다. "이런 깊고 깊은 가르침은 제가 지혜의 눈이 열린 뒤로도 일찍이 들은 적이 없습니다 [而白佛言 希有世尊 佛說 如是甚深經典 我從昔來 所得慧眼 未曾得聞 如是之經]." 여기서 '지혜의 눈이 열린 뒤로도'에서 지혜의 눈은 '무아'의 삶을 살기 시작 한 뒤라고 이해하면 되겠습니다. 내가 있는 삶의 눈이란 나타난 현상을 한 흐름으로 보지 못하고 마디마디 끊어서 의미를 부여함으로써 독립된 개체로 받아들이게 됩니다.

반면 지혜의 눈은 동시 전체를 한 흐름으로 봅니다. 다시 말하면 이것과 저것은 죽 연결되어 있으며 오직 하나의 흐름만 존재한다고 자각하는 눈을 혜안이라 부릅니다. '나'없는 삶을 살기 전에는 보이는 대상마다 의미를 부여하므로 나의 의미가 됩니다. 이런 의미로 말미암아 호불호(好不好)가 발생합니다.

그러다가 바라밀을 실천하게 되면 이리저리 나누는 장벽들이 점점 얇아지기 시작합니다. 바라밀의 완성은 이러한 장벽들이 완전히 사라져서 하나의 흐름, 하나의 법, 하나의 세계만을 인식하는 것이며, 이 세계를 법신의 세계라고 부릅니다. 물론 처음에는 내가 있습니다. 그래서 나누어진 법이 있습니다. 아니 나누어진 법이 있다는 착각이 있습니다. 그렇지만 바라밀을 수행함으로써 나의 법이 허물어짐과 동시에 주변의 법도 허물어지게 됩니다. 이것을 일컬어 나도 비어 있고[我空], 상대도 비어 있는[法空]있는 삶이라고 합니다. 이렇게 되는 상태를 고덕(古德)들은 알래야 알 수가 없고, 보려하여도 볼 수가 없고, 들으려 해도 들을 수가 없어서 일체의 사량과 분별과 인식작용이 미치지 못한 상태, 즉 청정 법신이라고 하였습니다. 법신은 일체 정한 법이 없다는 것을 아는 것, 이를 법안이라 부릅니다.

은산철벽(銀山鐵壁)이라는 말을 들어보셨을 겁니다. 일체의 사량과 분별이 끊어져[言語道斷 心行處滅] 옴짝달싹할 수 없어서 은산철벽(銀山鐵壁)이라고 합니다. 이를 인위적으로 만들어 내는 것이 간화선이고요. 화두를 참구하여 의정(疑情)이 사무쳐서 앞뒤의 길이 다 끊어져서 은산의 철벽이 되었을 때 철벽에 머리를 디밀어 '나'를 완전히 부수어 버리라는 것이 간화선의 요체입니다. 이렇게 해서 나의 법과 상대의 법이 사라졌을 때 새로운 세계가 열립니다. 새로운 세계가 만들어진 것이 아니라 인식의 전환을 통해서 나로 이루어졌던 세계가 무너져 버리고 하나된 세계가 열리는 것입니다.

이것이 법안(法眼)으로 보는 세계입니다. 이 세계에서 한 발짝 디밀어 다른 세계를 볼 수 있고 다른 법과 교류할 수 있는 것이 혜안입니다. 여기서 유념할 것은 혜안 역시 '나' 없는 삶을 산다는 것입니다. 다만 법안의 세계는 언어가 끊어져서 이심전심으로만 소통이 가능하기 때문에 법안을 유지한 채로 보살로서 사는 행위를 혜안이라 표현하고 있는 것입니다. 부처님께서 이 경의 기자인 수보리 장로를 가리켜 해공제일(解空第一)이라고 하신 뜻은 수보리 장로가 공의 눈[緣起空性]을 가지고 빈 마음으로 살고 있기 때문입니다.

사람들은 저마다 살아온 환경과 교육에 따라서 경향성(傾向性)이 형성됩니다. 불교식으로 말하자면 저마다 업성(業性)이 다르기 때문에 경전마다 서로 다른 말씀으로 가르침을 펴서 법신·보신·화신을 드러내 보이고 있는 것입니다. 표현하는 말이 달라도 결국 한 말씀입니다. 색, 성, 향, 미, 촉, 법[一切法]에 머물지 말라는 얘기입니다.

이와 같이 각 경전마다 다른 말씀으로 경을 설하신 것은 법을 듣는 사람들이 각자 살아온 궤적이 다르기 때문에 그 업성(業性)에 맞춰서 설하신 때문이지 경전에 차별이 있어서가 아닙니다. 부처님께서 "나의 가르침은 뗏목과 같은 것이다."라고 하셨듯이 각각의 경전은 저마다 뗏목의 역할을 할 뿐 방편 이상의 것이 아닙니다. 반야 공을 다루는 경들 중에서 《반야경》이 체·상·용(體相用)을 잘 드러낸 경전입니다. 그 중에서 금강경이 법신, 즉 법의 체를 가장 도드라지게 잘 드러내고 있습니다. 그런 측면에서 금강경을 최고이며 제일이라고 합니다. 그렇지만 경전이란 저마다의 목적이 있습니다. 그 목적을 가장 잘 드러내고 있는 가르침이기에 그 입장에서는 최고이며 제일이라고 말합니다.

앞서 말씀드렸지만 경에는 우열이 있을 수가 없습니다. 다만 저마다의 목적에 맞는 가르침이 있을 뿐입니다. 그럼에도 불구하고 이 경이 저 경 보다 우수하고 저 경이 이 경보다 우수하다는 생각이 있다면 어느 경전도 바르게 이해한 것이 아닙니다. 왜냐하면 모든 경의 가르침이 '무아'의 법을 가르치고 있기 때문입니다. 금강경만이 무상심심미묘법(無上甚深微妙法)이 아닙니다. 부처님의 모든 말씀은 자신이 쌓아놓은 벽을 허물어버리라고 가르치고 있습니다. 그러니 모든 가르침이 다 무상심심미묘법(無上甚深微妙法)인 것입니다.

다음을 살펴보겠습니다. "실상이라는 것도 곧 실상이 아니다. 이런 고로 여래가 설한 실상은 이름인 것이다. [是實相者 卽是非相 是故 如來說名實相]."라고 하십니다. 앞에서 정하지 않는 법을 위없는 바른 깨달음이라 부른다고 말씀드렸습니다. '나'가 없는 삶은 전체로 차별 없이 동시에 열려 있는 삶이라 했습니다. 전체로 열려 있는 삶에서는 이름도 열려 있습니다. 소통이 필요해서 다만 그렇게 부를 뿐이지 그 이름에 착(着)하지 않습니다. 실상이라는 이름을 붙이기 전에 있는 그대로가 진여실상입니다. 노파심에 말씀드리자면 진여실상이라는 말도 허상입니다. 참다운 진여실상은 뭐라 이름 붙이기 전에 드러나 있는 일체상과 계합되어버린 것이 있는 그대로 실상입니다. 진여라고 앞에 붙은 말은 하나됨이라는 표현입니다.

　참다운 삶이란 무엇을 바라지 않으면서 있는 그대로 살아가는 삶을 말합니다. 무언가 원하는 기저에는 반드시 '나[我]'가 있습니다. '내'가 있다면 필히 상대가 있을 것이고, 상대가 있다면 반드시 시비와 비교에 의한 갈등이 있을 것입니다.

　그렇게 되면 있는 그대로의 삶에 충실할 수가 없게 됩니다. 그렇게 되면 '나'의 업인 별업과 '나'가 있는 채로 사는 사회의 업인 공업이 살아나게 되고 그 업들은 필연코 분열과 갈등을 일으킵니다. 그것으로 인해 더불어 사는 이웃을 힘들게 하고 서로를 포근한 눈으로 바라보는 대신 갈등과 대립, 경쟁과 승부욕이 자리하게 됩니다. 여기서 주고받는 말들은 칼이 되고 창이 되어 서로를 베고 찌르게 됩니다. 그것을 도산지옥이라 부릅니다. 지옥에 사는 사람은 대부분 자기의 삶이 지옥인 것을 모르고 살고 있습니다. 지옥의 삶인 줄 알아야 거기서 벗어나려는 의지도 생길 텐데 말입니다.

제 주위에는 정말 금강경을 공부한다고 하는 사람이 많습니다. 주로 사경과 독경을 많이 합니다. 그것도 숫자에 많은 의미를 두면서 말이죠. 어떤 처사님은 하루에 칠독씩 천일을 하겠다고 제게 다짐합니다. 어떤 보살님은 스물한 번 사경을 했다고 잔뜩 상을 냅니다. 그리고 저한테 가져와서 태워 달라고 합니다. 그러한 것들은 금강경 공부가 아닙니다. 정정하겠습니다. 참다운 공부가 아니라고 말씀드릴 수밖에 없습니다.

공부라고 하는 것은 우리의 삶을 빈 마음으로 충실하게 지켜보는 것입니다. 그러니 공부 중에 목적의식이 있어서는 안 되겠지요! 마음공부는 무엇이 되기 위해서가 아닙니다. 그런 생각을 갖는다면 즉시 아상·인상·중생상·수자상이 살아납니다. 무엇을 바라지 않는 무원(無願)의 삶을 살아내고 있는 사람을 보살이라고 하기 때문입니다. 공부를 지어가는 방법에는 지켜보기와 알아차리기가 있습니다. 거사님도 제일 많이 들어본 수행의 행법일 것입니다. 지켜보기는 무위의 행법이지만 알아차림은 의지가 들어 있습니다. 알아차림은 어느 시기까지만 필요한 공부입니다. 강을 건너기 위해서는 뗏목이라는 도구가 필요하지 목적을 이룬 뒤에는 오히려 도구가 짐이 됩니다. 그러면 버려야 하겠지요.

이 공부도 그렇습니다. 무상·무위·무주(無相 無爲 無住)가 이 공부의 요체입니다. 그렇다면 의지는 무위가 아니겠지요? 그렇기도 하거니와 이와 같은 알아차림에는 나와 대상이 분리되어 있습니다. 지금 일어나고 있는 생각들을 명확히 지켜보아 따라가지 않는다 할지라도 의지와 의도가 깃들어 있는 이상 빈 마음이라 할 수 없을 것입니다. 나중엔 의지와 의도가 깃들어 있는 알아차리는 것조차 없어져야 비로소 함이 없는 참된 수행이라 할 수 있을 것입니다. 그럼 이러한 공부를 어떻게 해야 하는지를 대부분 사찰에 흔하게 그려져 있는 중국 송나라 시대의 곽암의 심우도(尋牛圖)를 통해 살펴보겠습니다.

첫 번째 그림은 심우(尋牛)라는 그림입니다. 여기서 소란 우리의 마음을 빗댄 말입니다. 무엇이 우리의 근원인 줄 모르고 이리저리 헤매다가 소를 타고 가면 집으로 돌아 갈수 있다는 말에 소를 찾아 방황하는 그림입니다. 목우자의 수심결(修心訣)에는 이 대목을 이렇게 표현하고 있습니다. 진리를 찾아 파도와 파도 사이를 이리저리 헤매다가 홀연히 선지식을 만나 손가락으로 진리를 가리킴에 힘입어 진리를 발견한다고요[波波浪走 忽皮 善知識의 指示入路].

두 번째 그림은 견적(見跡)입니다. 드디어 흔적을 찾은 것이지요. 세 번째 그림은 견우(見牛)입니다. 전혀 길들여지지 않은 야생의 소지요. 네 번째는 득우(得牛)입니다. 야생의 소를 붙잡는 데까지 성공했습니다. 다섯 번째 그림은 목우(牧牛)입니다. 소를 탈 수 있게 길들이는 그림입니다. 여섯 번째 그림은 기우귀가(騎牛歸家), 소를 타고 그리워하던 고향 집으로 드디어 돌아가는 그림입니다. 일곱 번째 망우존인(忘牛存人)그림은 소를 잊어버리고 지켜보고 있는 사람만 남아 있습니다.

여덟 번째 그림은 인우구망(人牛俱忘) 소와 사람을 함께 잊어버리는 그림입니다. 일체의 작위적인 것을 하지 않아도 저절로 도와 부합된 삶을 살아간다는 뜻입니다. 다른 말로 하면 공부가 저절로 되는 시기를 일컫는 말입니다. 아홉 번째 그림은 반본환원(返本還源)입니다. 이 그림은 근본을 돌이켜 근원으로 돌아간다는 그림입니다. 근원으로 돌아가면 본래부터 갖추어진 무량한 지혜와 복덕이 모자람도 넘침도 없으며 함이 없이 완전하게 채워져 있음을 알게 됩니다. 열 번째 그림은 입전수수(入廛垂手)입니다. 공부를 마치고 중생 속으로 돌아와 보살도를 실천하며 사는 그림입니다. 이 그림에는 일체의 아상이 없기 때문에 장사할 때는 장사꾼의 모습으로, 농사를 지을 때는 농군의 모습으로 조금도 위화감 없이 작용하며 사는 그림입니다.

심우도가 지향하는 바는 명확합니다. 일체의 상을 쉬고 일체의 함이 있는 행위를 그만두고 색, 성, 향, 미, 촉, 법에도 머물지 말며 '나'없는 삶, 즉 빈 마음으로 살아 내라는 것입니다. 그렇다고 무얼 하는 것은 아닙니다. 우리의 근원은 본래로부터 조금도 모자람도 넘침도 없이 구족되어 있다는 것을 모든 경전에서 가르치고 있습니다.

심우도에서 얘기하고 있는 것과 같이 이 공부는 쉬고 또 쉬는 공부입니다. 알아차리는 것조차도 쉬어야 참다운 공부라 할 수 있을 것입니다. 이 공부는 일상 속에서 특별한 시절을 기대하지 않고 그저 바라는 것 없이 만물과 하나 되어 살아가는 것입니다. 바라는 것이 있다면 실상이 아닙니다. 진여실상(眞如實相)은 일체의 상을 떠나 있습니다[應離一切相]. 이것이 부처님의 모습입니다. 사족을 붙이자면 모양 없는 존재로 존재하는 것이 부처님의 상입니다.

다음을 봅시다. 보살은 일체 상을 떠난 모양이 없는 여래의 모양을 일체중생을 위하여 모양이 있는 모습으로 나타나 중생과 더불어 한 호흡으로 살아가는 사람입니다. 여래의 모습에서는 중생과 보살이 따로 없습니다. 중생이 따로 있다면 그 순간 아상이 생겨서 여래가 아닌 것이 되겠지요. 일체 상을 떠난 마음을 여래의 체라면 상을 떠난 마음 그대로 상을 지닌 모습으로 나투지만 그렇다고 상을 갖는 것은 아닙니다. 이것이 보살입니다. 여래의 마음을 작용으로 나타내어 사는 삶을 보살의 삶이라 이릅니다.

어떤 사람이 이 경을 얻어 듣고 놀라거나 겁내지 않으며 두려워하지 않는다면 이 사람은 심히 희유한 일이 될 것임을 마땅히 알라[若復有人 得聞是經 不驚不怖不畏 當知是人 甚爲希有]. 부처님께서 처음 말씀을 설할 때는 상이 있는 법부터 설하셨습니다. 그러다 차츰차츰 공부가 깊어질수록 상이 없는 법을 설하셨습니다. 그렇다고 초전법륜이 잘못된 가르침이라는 생각을 해서는 안 됩니다. 다만 생각이 많아서 그 생각을 깨기 위해 말씀이 길어진 것입니다. 오랜 수행을 통해서 번뇌가 끊어진 수행자에게는 (예를 들어서 가섭존자) 연꽃 한 송이 들어 보이는 것으로 법문을 해 마친 것입니다. 이 경의 말씀을 듣고 놀라지 않고 겁내지 않고 두려워하지 않는 사람은 이미 여래의 싹을 틔우기 시작한 것입니다. 일체 중생은 여래의 씨앗을 가지고 있습니다. 그래서 인연을 만나 싹을 틔우기 시작하면 누구라도 여래가 될 수 있습니다. 일체제법이 여래로부터 나왔기 때문입니다.

범부의 삶 속에는 늘 '내'가 있습니다. 한시도 '나'를 떠나 있지 않습니다. 그러한 삶 속에는 늘 나를 채우려 하는 삶이 지속될 뿐입니다. 하지만 그것은 갈증이 심하다고 해서 바닷물을 마시는 격이니 갈증이 해소되겠습니까? 그렇게 해서는 목마름이 가시기는커녕 갈증만 더 할 뿐 근원적인 해결책이 못 됩니다.

해결책은 마르지 않는 감로수 샘을 찾아내는 일입니다. 범부들의 '나'가 있는 삶은 늘 목마름이 지속되는 삶을 살 수밖에 없도록 구조화되어 있습니다. 반대로 '나'가 없는 보살의 삶은 만족하는 삶을 살 수밖에 없도록 이루어져 있습니다. 왜냐하면 보살의 삶은 하려고 하는 것이 없고, 정해진 상 또한 없으며, 어떤 그림이 나타나더라도 머무는 바가 없는 무욕의 삶이기 때문입니다. 그러한 삶의 행태를 마르지 않는 감로수 샘이라 부를 뿐입니다.

이 경에는 인욕선인에 관한 비유가 들어 있습니다. 가리왕이 인욕선인을 이리저리 찢어 놓는다[如我昔爲歌利王割截身體]는 비유를 지금 여기로 가져와서 살펴보면 내가 옳다 너는 틀렸다는 다툼들이 서로가 서로에게 가리왕의 칼이 되고 있습니다. 우리들의 삶은 연기로 이루어져 있습니다. 연기가 실상인 것이지요. '나'라고 하는 생각이 들자마자 나의 주위에는 벽이 생깁니다. 내 소유가 생기고, 나의 생각이 생기고, 나는 옳고 너는 그르다 정하고, 이쪽은 내편이고 저쪽은 적이라는 생각들이 다 벽입니다. 그 벽으로 인해 스스로를 소외시키고 나와 남을 가르는 갈등의 삶을 살 수밖에 없습니다.

그러한 삶은 허망합니다. 허망하다는 것은 진실을 외면하고 있는 것입니다. 진실은 본래부터 하나의 마음이며, 그 마음으로부터 펼쳐진 세계가 있을 뿐 너의 마음과 너의 세계는 없습니다. 마음이라는 것도 세계라는 것도 그렇게 부르고 있을 뿐이지 사실은 이름도 상이어서 다 허망합니다[凡所有相 皆是虛妄].

'나'가 있는 삶을 사는 사람들은 저마다의 색안경을 쓰고 있습니다. 보수적인 시각을 갖고 있는 사람에겐 세계가 온통 그렇게 보이고, 반대로 진보적 시각을 갖고 있는 사람에게는 온통 그 모습으로만 비춰 질것입니다. 이러한 시각을 가지면 나를 위한 삶을 살 수밖에 없어서 늘 채우려 하지만 끝내 채울 수 없는 것입니다. 애초에 그 삶은 거짓이기 때문입니다.

반면 나라고 하는 허망한 생각이 사라지면 우리의 삶은 동시 전체로 더불어 사는 삶이 됩니다. 너도 만족스럽고 나도 만족하는 삶으로 바뀌게 되니 이것이 함께 사는 세상이며 모든 불자들이 지향해야 하는 세상인 것입니다.

더불어 사는 세상, 함께하는 흐름으로 사는 국토를 정토라고 부릅니다. 이 정토 안에는 너도 이롭고 나도 이롭게 하는[爲利益一體衆生] 보살의 삶만이 있습니다. 이런 삶의 전체를 여래라 부릅니다. 여래는 늘 참된 말씀을 하시고, 늘 한결같은 말씀을 하시고, 실다운 말씀을 하시고, 속이는 말씀은 하지 않으시며, 겉과 속이 다른 말씀은 하지 않는 분[眞語者 如語者 實語者 不誑語者 不異語者]이라고 했습니다. 만일 이와 다른 말씀을 한다면 곧 자기가 드러나서 이해(利害)가 있기 때문입니다. 여래란 고정된 한 인물을 지칭하는 말이 아니며 동시 전체로 열려 있는 삶을 여래라 부릅니다.

우리의 삶은 관계와 관계 속에 있습니다. '나'가 있는 사람의 사고 속에는 내가 독립되어 있다고 생각할 수도 있겠지만 실상은 전혀 그렇지 않습니다. 우리는 관계를 떠나서 잠시도 살 수 없습니다. 가장 가깝게는 호흡하는 데 필요한 산소마저도 우린 스스로 만들어 내지 못합니다. 나무들은 우리가 숨 쉴 수 있도록 산소를 생산하고 우리는 이산화탄소를 생산하여 돌려줍니다. 이렇듯 실상은 상호의존[緣起空性] 관계로 다 함께 공생·공용·공식·공활(共生 共用 共食 共活)하는 것입니다.

우리가 쓰는 광고성 카피 중에 '나는 너에 속해 있고, 너는 나에 속해 있다.'라는 카피가 있습니다. 이 말이 카피이기 때문에 그러려니 넘어가지만 일상에서 쓴다면 소통이 안 될 뿐만 아니라 언어의 유희라는 대중적 비난을 면하지 못 할 것입니다. 노자의 말씀 중에 정언필반(正言必反)이라는 말씀이 있습니다. 그 뜻은 진리를 담고 있는 말이라도 대중은 반대로 돌려 듣는다는 뜻과 함께 이 세상은 진리의 흐름과 다르게 흐르는 역류의 세상이라는 뜻도 담겨 있습니다. 카피에 드러나 있는 말은 진리의 입장에서 보면 너무도 당연한 말입니다. '나'가 없는 세상에서는 나와 네가 따로 없습니다. 그뿐 아니라 화엄경에는 이 세상을 다차원으로 중첩된 세계로 표현하고 있습니다. 이 세상은 업성(業性)이 다른 사람들이 모여 사는 다중으로 중첩된 세상인데 대중들이 그렇게 인식하지 못한 것은 자기 업성(業性)에 맞는 상들만 볼 수 있어서 그렇다는 것입니다.

다른 측면으로 보자면 내가 있는 삶을 사는 중생들은 자기가 보고 싶은 것만 보고 듣고 싶은 쪽으로만 듣는다는 말일 수도 있습니다. 여러분이 잘 아시는 이성계와 무학 대사의 '돼지의 눈에는 돼지만 보이고, 부처의 눈에는 부처만 보인다.'라는 말 역시 부처님 말씀을 숨겨 놓은 것입니다. "이 법은 실체도 없고 허망하지도 않다[此法無實無虛]." 이쯤 되면 이제 의문이 생길만도 합니다. '부처님의 노파심(老婆心)이 얼마나 지대하기에 저리도 같은 주제를 변주하여 반복하고 계실까?'하고요. 당연합니다. 이 경의 첫 장부터 마치는 장까지 같은 주제로 계속하여 말씀하고 계시니 말입니다. 어떤 상황을 한정지어서 받아들이지 마라, 어떤 상황을 이름으로 규정 짖지 마라, 어떤 상황에도 머물지 마라, 또 일체상은 허망하나니…. 등등 같은 주제가 반복되고 있습니다.

우리가 보고 있는 이 욕계의 세상이 한정과 분별로 이루어진 세계이기 때문에 끊임없이 변주하여 반복을 하고 계신 것입니다. 부처님은 이 법이 실체가 없다고 하면 실체가 없다는 말에 취착(就捉)하기 때문에 허망하지도 않다는 말로써 양변에 머물지 않도록 끊임없이 변주를 하십니다. 왜냐하면 어디에도 머물지 않는 중도실상(中道實相) 자체가 여래고, 그 여래의 실천이 보살행이기 때문입니다. 이 경의 말씀이 그러하기 때문에 저의 얘기도 중언부언이 될 수밖에 없다는 말씀을 드립니다.

앞서 말씀드린 대로 금강경의 가르침인 보살도 즉 육바라밀을 실천하여 지혜의 몸[慧身]을 성취하게 되면 더 이상 나뉨이 없어져서 한 흐름으로 흐르게 됩니다. 그 흐름에는 자타가 없게 되지요. 그래서 이 법을 일러 최고의 드문 법을 성취 한 것[成就最上 第一稀有之法]이라 말씀하신 것입니다. 여기서 가리왕에 대해 조금 언급하고 현우경에 나타난 이야기를 간략히 정리하여 그 전생담에서 전하고자 하는 의도를 함께 알아보도록 하겠습니다.

찬디바리는 인욕을 수행하는 인욕(忍辱)선인이었습니다. 인욕(忍辱)을 실천하기 위해 산중에서 홀로 수행하고 있었습니다. 때마침 가리왕은 많은 신하와 궁녀를 데리고 이 산으로 사냥을 왔습니다. 왕은 점심을 먹은 후 노곤하여 잠이 들었지요. 궁녀들은 이 틈을 타 유행(遊行)을 나갔는데 한참 가다보니 찬디바리가 단정히 앉아 있는 모습을 보게 되었습니다. 그 순간 가슴에서 공경한 마음이 우러나와 꽃을 꺾어 찬디바리 주위에 뿌리고 그 앞에 앉아 조용히 설법을 듣게 되었습니다.

한편 왕이 잠을 깨어 사방을 둘러보니 궁녀들이 보이지 않는지라, 사대신(四大臣)을 대동하고 궁녀들을 찾아나서 궁녀들과 찬디바리가 같이 앉아있는 곳에 이르렀지요. 그 모습을 보자 가리왕은 질투심이 솟아올랐습니다. 가리왕은 찬디바리에게 물었습니다.

"너는 사무량심(四無量心)에서 얻은 바가 있느냐?"

"없습니다."

"그럼 너는 사선정(四禪定)에서 얻은 바가 있느냐?"

"없습니다."

"아무런 공덕(功德)을 얻은 바가 없다면 그럼 너는 일개 범부(凡夫)에 지나지 않는 놈이로구나! 그런데 어찌하여 궁녀들을 데리고 설법할 수 있단 말이냐? 도대체 넌 무엇 하는 놈이냐?"

"인욕(忍辱)을 수행(修行)하고 있습니다."

이 때 가리왕은 날이 시퍼런 검을 쑤욱 빼들었습니다.

"네 이놈! 네가 정말 인욕을 수행하는 자라면 네 인욕을 내가 당장 시험하리라!"하고 양팔을 싹뚝 잘라버렸지요.

"너 정말 뭐 하는 놈이냐?"

"인욕을 수행하고 있습니다."

왕은 다시 찬디바리의 양다리를 싹둑 베어버렸습니다.

"다시 묻건대, 너 정말 뭐하는 놈이냐?"

"인욕을 수행하고 있습니다."

화가 난 가리왕은 찬디바리의 머리카락을 움켜쥐고 찬디바리의 코를 싸악 베어버렸습니다. 이때도, 찬디바리는 안색(顔色)의 변화와 마음의 동요함 없이 인욕을 수행할 뿐이라고 말하는 것이었습니다.

이때였습니다. 하늘과 땅이 여섯 번 크게 다른 모습으로 진동하는 것이 아닙니까? 이때 선인(仙人)의 오백(五百)제자들이 허공을 날아가는 모습이 보이더니 찬디바리에게 묻습니다.

"찬디바리시여! 이와 같은 고통을 겪으시고도 인욕의 마음을 잃지 않으셨나이까?"
"내 마음 한 치의 변함도 없다."
가리왕은 이 모습을 보고 크게 경악하였습니다. 그래서 찬디바리에게 다시 물었습니다.
"네가 아직도 인욕을 운운한다면 그것을 무엇으로 증명할 수 있느냐?"
"내 진실로 인욕하는 마음이 지성(至誠)하여 거짓됨이 없다면, 내 흘린 피가 모두 젖이 되리라. 그리고 모든 잘린 몸이 제자리로 돌아오리라[我若實忍 至誠不虛 血當爲乳 身當還復]!"

이 말이 끝나자마자 피가 우유 빛깔을 띠게 되고, 전과 같이 몸이 온전하게 되돌아왔습니다. 이렇게 찬디바리의 인욕바라밀이 인증되는 것을 보고 가리왕의 공포는 더욱 짙어졌습니다. 그제야 비로소 "나의 무례함을 용서하소서. 제가 대선(大仙)을 훼방하고 욕되게 하였으나 그대는 나를 오직 가엾게 여기셔서 나의 참회를 받아 주소서."

"그대, 여색(女色)으로 인하여 나의 형체를 도륙하였도다. 나는 대지처럼 굳세게 참았노라. 내 훗날 성불(成佛)하게 되면 혜도(慧刀)로 먼저 너의 삼독(三毒)을 잘라 내리라[汝以女色 刀截我形 吾忍如地. 我後成佛 先以慧刀 斷汝三毒]."

이때 산중의 모든 용과 귀신(鬼神)들이 가리왕이 찬디바리 선인(仙人)을 모독하는 것을 보고 큰 구름과 안개를 일으키고, 번개와 벼락을 내리쳐 가리왕과 그 모든 권속을 죽이고자 하였습니다. 이때 찬디바리 선인(仙人)이 하늘을 우러러보며 외치기를 "그대들이여! 그대들이 진정으로 날 위한다면 이들을 해치지 말라!" 이때 비로소 가리왕이 크게 뉘우치고 선인을 궁(宮)으로 모셔다가 잘 공양(供養)하더랍니다.

이상으로 현우경에 나타난 가리왕 이야기를 간략히 우리말로 옮겨 보았습니다. 물론 이 이야기도 방편설입니다. 이솝우화와 같은 것입니다. 말씀드렸다시피 가리왕은 고유명사로서 가리왕이 아닙니다. 유위의 세계에서 가리왕은 질투, 시기, 두려움, 악의 등 어두운 부분을 상징해서 지칭하는 이름임을 잘 이해하고 받아들여야 합니다. 무위의 삶을 사는 인욕 선인과 유위의 삶을 사는 가리왕을 대비시켜 무위의 법을 잘 이해할 수 있도록 방편을 설하신 것입니다. 또 가리왕이 인욕선인을 팔다리를 베었음에도 원래의 모습으로 되돌아 올 수 있었던 것은 선인의 몸은 허공과 같은 혜신(慧身)이어서 베어도 베인 바가 없고, 잘라도 잘린 바가 없었기 때문입니다.

보통 우리가 상(相)으로 경을 읽고 이해하기로는 불신을 훼손하면 그 과보로 꼼짝없이 지옥행 특급 열차를 예매해 놓은 것으로 받아들입니다. 그러나 실상에서 보자면 모두가 공한 것이어서 지옥에 가도 상으로 지옥에 가는 모습이 있을 뿐이지 실상에서는 한 발짝도 움직인 바가 없습니다. 가리왕 또한 이와 같습니다. 악한 생각도 한 생각 돌이켜 보면 그 자취가 흔적도 없이 사라지고 없는 것입니다. 가리왕이 크게 뉘우치는 장면에서 자기 잘못을 인지하고 참회하는 장면이 나옵니다.

천수경에 이런 게송이 있습니다.

罪無自性 從心起   죄무자성 종심기
心若滅時 罪亦亡   심약멸시 죄역망
罪亡心滅 兩具空   죄망심멸 양구공
是卽名爲 眞懺悔   시즉명위 진참회

게 송

죄라는 것 본시 자성이 없어

마음 따라 일어난 것이어서

마음이 멸하게 되면

죄 또한 멸하게 되니

죄와 마음이 같이 멸하면

그것을 일러 참된 참회라 하네.

이와 같이 가리왕의 진정한 참회는 삶을 바꾸게 됩니다. 상(相)이 있고 '나'가 있는 시각 속에서는 이해가 잘 안 되지요? 우리 선가에서 자주 쓰는 말이 있습니다. 한 생각 돌이키면 그곳이 피안이라는 말이 금과옥조처럼 쓰입니다. 한 생각 돌이키면 다른 세상이 펼쳐집니다.

우리는 나를 위해서 뭔가를 하려고 하고 채우려고 하지만 그것은 유위법 속에서의 사고방식 때문에 생긴 착시입니다. 무위의 가르침인 함께하는 삶 속에서는 내 것 네 것이 본래 없어 다만 서로가 서로를 자발적으로 채워 주며 살아가는 것이 진실입니다. 이러한 진실을 외면하지 않고 한 걸음 한 걸음 살아 내면서 자신의 전 존재를 드러내라는 것이 이 경의 가르침입니다.

19.
수행의 시작은 고통에 대한 자각으로부터
라고 할 수 있습니다.

편집자가 뽑은 한 문장

당신의 마음에 들어온
한 문장은 무엇인가요?

_____

_____

_____

_____

_____

_____

_____

열아홉 번째 편지

持經功德分

　須菩提 若有善男子善女人 初日分 以恒河沙等身布施 中日分 復以恒河沙等身布施 後日分 亦以恒河沙等身布施 如是無量百千萬億劫 以身布施 若復有人 聞此經典 信心不逆 其福勝彼 何況書寫受持讀誦 爲人解說 須菩提 以要言之 是經有不可思議 不可稱量無邊功德 如來爲發大乘者說 爲發最上乘者說 若有人 能受持讀誦 廣爲人說 如來悉知是人 悉見是人 皆得成就不可量不可稱 無有邊不可思議功德 如是人等 卽爲荷擔如來阿耨多羅三藐三菩提 何以故 須菩提 若樂小法者 着我見人見衆生見壽者見 卽於此經 不能聽受讀誦 爲人解說 須菩提 在在處處 若有此經 一切世間 天人阿修羅 所應供養 當知此處 卽爲是塔 皆應恭敬 作禮圍繞 以諸華香 而散其處

수보리여, 만약 어떤 선남자 선여인이 아침에 갠지스 강의 모래 수와 같은 몸으로 보시하고, 낮에 다시 갠지스강의 모래 수와 같은 몸으로 보시하며, 저녁에도 또한 갠지스강의 모래 수와 같은 몸으로 보시하여 이와 같이 무량한 백천만억 겁 동안을 몸으로써 보시하더라도 어떤 사람이 이 경전을 듣고 믿어 거스르지 않으면 복이 저 몸을 보시한 복보다 수승하리니, 하물며 경을 베껴 쓰고 받아 지니며 읽고 외워서 남을 위해 해설해 주는 것은 그 복덕이 얼마나 크겠는가. 수보리여, 요약해서 말할진대 이 경은 생각할 수 없고 말할 수도 없는 끝없는 공덕이 있다. 여래는 대승에 발심한 자를 위하여 이 경을 설하며 최상승에 발심한 자를 위하여 이 경을 설하느니라.

만약 어떤 사람이 능히 이 경을 받아 지니고 읽고 외우며 널리 사람들을 위하여 설한다면 여래는 이 사람을 모두 알며 이 사람을 모두 보나니, 헤아릴 수 없고 말할 수 없으며 끝이 없고 생각할 수 없는 공덕을 모두 성취하게 되리라. 이런 사람은 곧 여래의 아뇩다라삼먁삼보리를 짊어지게 된다. 무슨 까닭인가. 수보리여, 만약 작은 법을 좋아하는 자는 아견, 인견, 중생견, 수자견에 집착하게 되므로 곧 이 경을 능히 받아 지니고 듣고, 읽고 외우며 남을 위해 해설하지 못하느니라. 수보리여, 어느 곳이든 만약 이 경이 있는 곳이면 일체 세간의 천상과 인간과 아수라 등이 응당 공양하게 되리니 마땅히 알라. 이곳은 탑이 됨이라. 모두가 공경히 예배하고 돌면서 모든 꽃, 향으로써 그곳에 흩뿌리며 공양할 것이다.

강해

본문으로 들어가겠습니다.

'이 경전을 듣고 믿는 마음이 거스르지 않으면 그 복이 저 몸을 보시 하여 얻는 복보다 수승하리니[聞此經典 信心不逆 其福勝彼]'에 앞서 '하루 종일 갠지스강의 모래 수와 같은 몸으로 보시를 행해도'라는 말이 먼저 나옵니다. 그 다음 '경전을 믿는 마음을 거스르지 않는다면'이라는 말이 나오지요. 무량한 세월 동안 온 몸을 이용하여 보시를 행하여도 이 경을 믿고 거스르지 않는 것이 더 큰 복이 된다고 말씀하고 계십니다.

여기서 온 몸으로 오랜 세월 보시공덕을 행한다는 것은 보시행을 하는 내가 보시 대상에게 보시를 행하는 것이니 나와 네가 있게 되는 것이어서 색, 성, 향, 미, 촉, 법에 머물지 않고 보시하는 행위가 아닌 것이 됩니다. 반면에 이 경을 믿고 거스르지 않는다는 것은 이 경이 여래이기 때문입니다. 그러니 무상·무위·무주의 삶을 살다가도 거스르는 마음, 즉 나라는 상이 생겨나면 곧 아님을 알아차려 큰 흐름에 합류하라는 것입니다. 그것이 금강경의 삶이고, 여래의 삶이고, 전체로 사는 삶이고, 함께하는 흐름이며 온전히 깨어 있는 삶이기 때문입니다.

우리 삶의 행태는 드러나 있는 삶과 드러나 있지 않는 삶이 동시 전체로 함께 열려 있습니다. '나'가 있는 삶의 눈으로는 드러난 형태만 봅니다. 하나의 형태가 목전에 나타나기까지 수많은 인과 연의 장[緣起和合性]을 통하여 업보(業報)의 행태로 나타나게 됩니다. 그것의 가르침은 근세 선지식인 한암 대종사의 오도송(悟道頌)에 잘 나타나 있습니다.

게 송

着火廚中眼忽明 착화주중안홀명
從玆古路隨緣淸 종자고로수연청
若人問我西來意 약인문아서래의
巖下泉鳴不濕聲 암하천명부습성

부엌에서 불을 지피다 홀연히 눈이 밝으니(慧眼)
이를 좇아 옛길이 인연 따라 맑아라
누가 서쪽에서 오신 조사의 뜻이 무엇이냐 묻는다면
바위 아래 울려대는 물소리는 젖지 않더라고
하리라.

 이 게송에서 '이를 좇아 옛길이 인연 따라 맑다.'라는 말씀이 전체로 보는 안목입니다. 지금 혜안을 얻은 것은 갑작스럽게 얻은 것이 아니라 수많은 행위와 행위들이 합해져서 지금의 결과가 나타게 되었음을 역력히 설파하고 계신 것입니다.

 또 '누가 서쪽에서 오신 조사의 뜻이 무엇이냐 묻는다면 바위 아래 울려대는 물소리는 젖지 않더라고 하리라.'에서 젖지 않는 물소리는 항주불변(恒住不變)의 법신을 나타내고 있으며, 그것을 역대의 제불(諸佛)들이 전하고 전하셨으며 역대의 조사도 역시 이를 전하셨으며 달마조사 또한 이것을 전하기 위하여 인도로부터 중국에까지 오신 것이라고 말씀하고 있습니다. 거듭 말씀드리자면 무아의 삶을 살든 유아의 삶을 살든 일체제상(一切諸相)은 상으로 나타나기 전의 체가 있으며 그것들의 성품이 있고 그것들의 쓰임이 있습니다. 법신을 체로 보자면 일체제상이 법신으로부터 비롯되었지만 법신은 상을 떠나 있습니다. 또 상을 이루는 에너지를 성품인 보신이라 한다면 그것이 나타나 상을 이룬 것을 화신이라고 부릅니다.

물은 젖는 것이 성품이나 소리는 젖지 않음으로 검은색, 흰색을 낳았지만 검은색도 흰색도 아닌 체[法身]를 드러내서 이해를 돕기 위한 비유한 것입니다. 모든 생명의 근원은 법신입니다. 일체 만물은 법신을 어머니로 둔 화신으로서의 나툼을 말씀하고 있다는 것을 알아야 합니다. 여기 체·상·용을 잘 드러내고 있는 게송 하나를 소개하겠습니다.

게송

圓覺山中生一樹　원각산중생일수
開化天地未分前　개화천지미분전
非靑非白亦非黑　비청비백역비흑
不在春風不在天　부재춘풍부재천

원각의 산중에 한그루의 나무가 생했으니
하늘과 땅이 나뉘기 전에 꽃이 피었더라.
푸르지도 아니하고 하얗지도 않음이니

그렇다고 검지도 않더라.
봄바람에도 있지 아니하고 하늘에도 없더라,

원각의 산중은 부처님 즉 법신을 상징하고 있고, 한그루 나무의 탄생은 새 생명의 탄생을 상징합니다. 여기서 동시 전체로 보는 안목을 드러내 보입니다. 비청비백(非靑非白) 역 비흑(非黑)이라는 말로써 말이죠. 작용으로 보면 파란색 노란색일 수 있지만 체로 보면 모양으로 나타나기 전의 모습이라 속성이 없습니다. 보살은 이 과정을 동시 전체로 봅니다. 만상(萬象)은 다 체(體)와 상(相)과 용(用)으로 이루어져 있음을 보살은 역력히 알고 봅니다. 거듭 부언해서 말씀드리자면 범부는 상(像)을 상으로만 보지만 보살은 동시 전체로 보지요. 체·상·용으로 말입니다.

앞서 말씀드린 대로 부처님의 가르침은 연기실상입니다. 제행은 무상하고, 제법은 무아인데 상대를 지음으로부터 발생하게 된 고(苦)를 고성제(苦聖諦) 부르며, 이것이 제불의 정법안장입니다. 고성제(苦聖諦)는 네 가지 성스러운 가르침에서 아주 중요한 위치를 차지하고 있습니다. 인도의 길거리에서 노래하는 성자라 불리는 까비르는 "고통은 신이 인간에게 베풀어준 가장 큰 은혜다."라고 했습니다. 현대의학에서도 고통은 병이 발병했다는 신호이며 또한 살아 있다는 신호이기도 합니다. 역대에 적지 않은 조사들도 심적이나 육체적으로나 심각한 고통을 겪다가 고통을 벗어나는 한 방편으로 수행의 길을 선택해 해탈하신 분들이 적지 않았습니다.

그래서 보왕삼매론에서도 "몸에 병이 없기를 바라지 마라. 몸에 병이 없으면 탐욕이 생기기 쉽나니, 그래서 부처님께서 말씀하시되 병고(病苦)로써 양약(良藥)을 삼으라."고 하신 것입니다. 조사의 말씀에도 "땅에서 넘어진 자 땅을 짚고 일어나라."라는 말씀이 있습니다. 그 말씀대로라면 고통을 극복하는 방법도 역시 고통 속에 있을 것입니다. 모든 문제의 해결방법은 문제 자체에 있다는 말입니다. 부처님의 모든 말씀은 중생들의 삶과 수행에 관한 것이며, 고통을 극복하는 치료제이기도 합니다.

수행의 시작은 고통에 대한 자각으로부터라고 할 수 있습니다. 고의 근원을 성찰하면 고가 분별 의식에 의한 집(集)으로부터 발생된 허상임을 자각하게 되고, 그러면 비로소 동시 전체가 우리의 실상임을 알게 됩니다.

다음을 볼까요? "수보리여 요약해서 말할진대 이 경은 생각할 수 없고 말할 수도 없는 끝없는 공덕이 있다. 여래는 대승에 발심한 자를 위하여 이 경을 설하며 최상승에 발심한 자를 위하여 이 경을 설하느니라[須菩提 以要言之 是經有 不可思議 不可稱量 無邊功德. 如來 爲發大乘者說 爲發最上乘者說]."

이 경은 생각할 수 없고 말할 수도 없는 끝없는 공덕이 있다고 하십니다. 법신으로서 여래의 몸은 불가칭(不可秤) 불가사량(不可思量)이니, 생각으로 헤아려 알 수 없고 저울로 달 수도 없습니다. 수섭(收攝)하여 체로서 존재하게 되면 그 그림자도 찾을 수 없고, 볼 수도 없기 때문입니다. 반면 작용하여 화신(化身)으로서 드러내게 되면 법계 전체가 이것 아닌 것이 없게 됩니다.

여래 자체가 무량한 지혜와 복덕이기 때문이지요. 참다운 지혜와 복덕은 상으로서는 존재할 수 없기 때문에 생각이 미칠 수 없고 언어로서 표현될 수 없는 것이 당연합니다. 언설로서 표현되고 생각으로 헤아릴 수 있다면 이미 상을 가진 것입니다. 이 경에서 말한 일체 상은 허망하기[凡所有相 皆是虛妄] 때문입니다. 거듭 말씀드리자면 우주 법계 전체가 여래의 법신이고 거기에 일체 상을 여읜 마음을 지혜라 부르고, 지혜가 성품으로 나타나게 되면 무량한 복덕성(福德性)이 되는 것입니다.

"여래는 대승에 발심한 자를 위하여 이 경을 설하며 최상승에 발심한 자를 위하여 이 경을 설하느니라."를 보겠습니다. 대승과 소승의 법이 따로 존재하는 것은 아닙니다. 다만 행법에 있어서 상좌부와 대승불교권이 붓다를 규정하는 것에 차이가 있다면 있을 것입니다. 상좌부는 역사적 인물인 고타마 붓다를 부처님이라고 규정하고 있고, 대승불교 권에서는 고타마 붓다를 화신으로서의 부처님으로 받아들입니다.

조금더 설명을 해보자면 대승기신론에서는 체대(體大), 상대(相大), 용대(用大), 즉 체·상·용 다른 말로는 법신·보신·화신을 일불(一佛)로 규정합니다. 그래서 금강경의 가르침 자체가 여래의 몸이라 하는 것입니다. 상좌부의 수행을 통해서 응리일체상(應離一體相)하면 무상·무아·무주의 가르침 도달하게 될 것이고, 그렇게 되면 금강경의 삶을 살게 될 것입니다. 아무리 귀한 보배라도 눈에 있으면 눈병이 납니다. 한 가림도 없이 있는 그대로 보고, 머문 바 없이 마음을 내는 것이 여래의 가르침입니다. 소승이니 대승이니 또는 최상승이니 하는 것들도 죄다 상입니다. 요는 허망하다는 것입니다. 부처님 식으로 표현하자면 여래가 말한 대승이라는 것도 곧 대승이 아니어서 대승이라고 부르고 있을 뿐이라고 받아들이셔야 금강경을 제대로 이해한 것이라 할 수 있습니다.

최상승자라는 말도 그렇습니다. 최고의 근기를 지닌 자를 구경의 가르침을 얻어 성취하려는 자로 해석할 수도 있겠습니다만 그렇게 이해하면 올바른 이해가 아닙니다. 이 경을 듣고 이해하는 순간에 이미 대승자가 되고 최상승자가 된 것입니다. 부처님 가르침에 높낮이 있을 수 없고 사람에게도 근기의 우열이 있을 수 없습니다. 다만 수연(隨緣)이 있을 뿐입니다. 사람에게 우열이 있다고 규정짓는 순간에 이미 아견이 생긴 것입니다.

내가 있는 견해 속에는 차별이 있고 차별 속에는 우열이 있어서 하열한 근기의 사람은 이 경을 이해할 수 없다는 결론에 이르게 되는 것입니다. 그렇게 되면 붓다의 중요한 가르침인 평등요익(平等饒益)에 어긋나게 됩니다. 다만 그렇게 조사들이 우열을 논한 것은 근기의 우열을 다른 식으로 분류해서 말씀하신 것입니다. 자기애가, 자기 벽이 얼마나 두터운지 아니면 얇은지의 차이가 있을 뿐입니다. 일반적으로 유위의 세계에서는 기억력이 좋고 주어진 상황을 빨리 이해하고 재빠르게 응용해서 나에게 이익이 될 수 있도록 이끄는 사람을 영리하고 빼어난 사람이라 할 수 있을 것입니다. 하지만 무위의 삶에서는 모시는 스승에게 온몸과 마음을 다해 정과 성을 기울여 스승과 동기화되어 사는 삶, 즉 스승의 눈으로 세상을 보고 스승의 생각으로 세상을 이해하는 삶의 행태를 가리켜 대승자요, 최상승자라 할 수 있을 것입니다.

"만약 어떤 사람이 능히 이 경을 수지 독송하여 널리 다른 사람을 위해 설할 수 있다면, 여래는 이 사람을 모두 알고 모두 보나니, 모두 헤아릴 수 없고 칭할 수 없으며 끝이 없는 불가사의한 공덕을 성취할 것이다. 이런 사람들은 여래의 아뇩다라삼먁삼보리를 짊어진 사람이다."라고 하십니다. [若有人能受持讀誦廣爲人說, 如來悉知是人, 悉見是人, 皆得成就不可量, 不可稱, 無有邊, 不可思議功德, 如是人等, 卽爲荷擔如來阿耨多羅三藐三菩提]

앞서 말씀드린 대로 받아 지닌다는 말은 경이 가리키는

방향으로 여래와 함께 동행하겠다는 서원이며, 독송하고 다른 이를 위하여 널리 전하겠다는 말은 가르침이 온몸에 녹아들어서 하나된(둘이 아닌) 법인 보살도를 실천하겠다는 다짐입니다. 무상정등각(無上正等覺)을 짊어진 사람이라는 것은 둘이 아닌 법으로 사는, 위없이 바른 깨달음을 얻었기 때문입니다.

 계속해서 "작은 법을 좋아하는 자는 아견, 인견, 중생견, 수자견에 집착하게 되므로 곧 이 경을 능히 받아들고 읽고 외우며 남을 위해 해설하지 못하느니라."라고 하십니다. 작은 법을 좋아하는 자란 유위법인 인과법을 좋아하는 사람을 말합니다. 대부분의 사람들이 그렇습니다.

 이런 사람들은 어떤 행위를 할 때에는 반드시 목표를 세우고 목표에 맞춰 실행에 옮깁니다. 예를 들자면 입시기도가 있습니다. 기도의 목적은 내 자식을 합격시키고 다른 자식은 떨어뜨려 달란 말과 진배없습니다. 참다운 기도의 목적은 거친 생각을 다스리기 위한 것인 바, 호흡 다스리기도 그 좋은 예일 수 있습니다. 하지만 작은 법을 구하는 사람은 소원 성취가 목표일 수 있습니다. 이들에겐 나와 나의 것만 있습니다. 그 속에는 고통은 고통으로만 즐거움은 즐거움으로만 단정을 지어서 받아들이는 자기 한정이 명확합니다. 이런 사람들을 작은 법을 구하는 사람이라 부르는 것입니다. 이런 사람들은 나를 비워 사는 법을 스스로도 이해할 수 없을뿐더러 남을 위해서 당연히 설할 수 없기 때문입니다.

계속해서 부처님은 수보리를, 아니 이 경을 읽고 있는 여러분을 부릅니다. "수보리야, 어느 곳이든 만약 이 경이 있는 곳이면 일체 세간의 천상과 인간과 아수라 등이 응당 공양하게 되리니 마땅히 알라. 이곳은 탑이 됨이라. 모두가 공경히 예배하고 돌면서 모든 꽃, 향을 흩뿌리며 공양할 것이다."라고 하십니다. 거듭 거듭 말씀을 드립니다만 정해진 형상을 여래라 말할 수는 없습니다. 진정한 여래는 생생한 가르침입니다. 그래서 부처님께서 열반에 드시면서 말씀하시길 부처님이 가르친 계율에 의지하고, 가르친 법에 따라 너 자신을 섬(등불)으로 삼으라 하신 것입니다. 이 경이 있는 곳이 여래가 있는 곳이어서 이 경이 있는 곳이면 일체 세간의 천상과 인간과 아수라 등이 응당 공양하게 되며 바로 그곳이 탑이 된다고 하신 것입니다.

20.
부처님은 탐심을 아귀지옥이라 표현하고, 성내는 마음을 도산지옥, 어리석은 마음을 축생계라 표현하신 것입니다.

편집자가 뽑은 한 문장

당신의 마음에 들어온
한 문장은 무엇인가요?

_____

_____

_____

_____

_____

_____

_____

스무 번째 편지

能淨業障分

復次 須菩提 善男子善女人 受持讀誦此經 若爲人輕賤 是人 先世罪業 應墮惡道 以今世人輕賤故 先世罪業 卽爲消滅 當 得阿耨多羅三藐三菩提 須菩提 我念過去無量阿僧祇劫 於燃 燈佛前 得値八百四千萬億那由他諸佛 悉皆供養承事 無空過 者 若復有人 於後末世 能受持讀誦此經 所得功德 於我所供 養諸佛功德 百分不及一 千萬億分 乃至算數譬喩 所不能及 須菩提 若善男子 善女人 於後末世 有受持讀誦此經 所得功 德 我若具說者 或有人聞 心卽狂亂 狐疑不信 須菩提 當知 是 經義 不可思議 果報亦不可思議

"또 수보리야, 선남자 선여인이 이 경전을 받아 지니고 읽고 외우는데도 만약 남에게 업신여김을 당하면 이 사람 은 전생의 죄업으로 반드시 지옥이나 아귀나 축생에 떨어 질 것이지만 금생에 남에게 업신여김을 당함으로써 전생의 죄업이 곧바로 소멸하고 반드시 최상의 깨달음을 얻게 되느니라. 수보리야, 내가 기억해보니 과거 한량없는 아승지 겁 전 연등부처님 이전에 팔백사천만억 나유타의 부처님을 만나 뵙고 한 분도 빠짐없이 모두 다 공양을 올리고 받들어 섬겼느니라. 만약 다시 또 어떤 사람이 앞으로 오는 말세에 이 경전을 받아 지니고 읽고 외운다면 그가 얻는 공덕은 내가 저 많은 부처님께 공양한 공덕으로는 백 분의 일에도 미치지 못한다.

천 만억 분의 일에도 미치지 못하며, 어떤 산수와 비유로도 능히 미치지 못하느니라. 수보리야, 만약 선남자 선여인이 이다음 말세에 이 경전을 받아 지니고 읽고 외우는 이가 있으면 그가 얻는 공덕을 내가 다 갖추어 말한다면 어떤 사람은 그 말을 듣고 마음이 곧 미치고 어지러워져서 의심하며 믿지 아니할 것이다. 수보리야, 반드시 알라. 이 경의 이치는 상상할 수가 없으며, 그 과보도 역시 상상할 수 없느니라."

강 해

본문으로 들어가 보겠습니다. 또 수보리야, 선남자 선여인이 이 경전을 받아 지니고 읽고 외우는데도 만약 남에게 업신여김을 당한다면 이 사람은 전생의 죄업으로 반드시 지옥이나 아귀나 축생에 떨어질 것이지만 금생에 남에게 업신여김을 당함으로써 전생의 죄업을 곧바로 소멸하고 반드시 최상의 깨달음을 얻게 되느니라.[復次 須菩提 善男子 善女人 受持讀誦此經 若爲人輕賤 是人 先世罪業 應墮惡道 以今世人輕賤故 先世罪業 卽爲消滅 當得 阿耨多羅三藐三菩提]

이 대목은 오해와 오독의 가능성이 큰 대목이기 때문에 부처님의 삶 중에 한 페이지를 장식 하고 있는 앙굴리말라의 이야기를 가져와 보겠습니다. 다음은 앙굴리말라경 내용을 요약한 것입니다,

본명은 아힘사카(Ahimsaka)로 코살라국의 법정직원이었던 아버지 바가와의 아들이었습니다. 앙굴리말라경에 따르면 12살 때부터 따까실라의 학교에서 교육을 받았는데, 머리가 좋고 명석했던 만큼 스승이 가장 총애하는 제자였다고 합니다.

하지만 어느 시점에서 스승의 아내를 건드렸다는 이야기가 돌기 시작했지요. 스승이 처음에는 소문을 믿지 않고 오히려 아힘사카를 믿었으나 계속 소문이 돌자 마침내 스승

이 분노하여 사람 1백 명을 죽여 그 손가락으로 목걸이를 만들면 도를 얻을 것이라는 거짓 가르침을 내렸습니다.

 이것은 앙굴리말라가 지독한 악업을 쌓아 도리어 깨달음을 얻지 못하게 하려는 악의였던 것이죠. 앙굴리말라는 스승의 거짓 가르침을 믿고 손가락을 모으기 위해 사람을 죽였습니다. 이렇게 사람을 죽이다보니 어느새 99명을 살해했고, 세상 사람들은 그를 '손가락으로 목걸이를 만든 자'라는 뜻인 '앙굴리말라'라고 불렀습니다. 코살라국왕 파세나디는 어린 시절의 앙굴리말라를 생각하고 순수하고 선한 이라 여겼기 때문에 그가 극악무도한 살인마가 되었다는 것을 믿지 못했습니다. 그럼에도 그가 사람들에게 주는 피해가 막심하여 이 희대의 살인마를 붙잡고자 군대까지 동원하였으나 실패했습니다.

 앙굴리말라는 이제 한 명만 더 죽이면 깨달음을 얻을 수 있다는 욕심에 눈이 멀어 자기 어머니마저 죽이려는 패륜의 뜻을 품게 되었습니다. 부처님이 신통력으로 앙굴리말라를 관찰하여 이런 사정을 알아차리고는 마을 사람들과 제자들의 제지에도 개의치 않고 앙굴리말라를 제도하기 위해 그가 있는 곳을 찾아갔습니다. 앙굴리말라는 어머니를 죽이려다 석가모니가 보이자 칼을 들고 대신 죽이려고 쫓아갔으나, 이상하게도 아무리 빠르게 뛰어도 따라잡을 수가 없었지요. 앙굴리말라는 격분하여 "겁쟁이 수행자여! 멈추어라!"라고 화를 내었지만, 부처님은 여전히 앙굴리말라보다 앞서 가면서 "난 이미 멈추어 있다. 멈춰야 하는 자는 너다."라는 말로 일축했습니다. 이에 의문이 생겨 그를 쫓는 것을 멈추고 그게 무슨 소리인지를 묻는 앙굴리말라에게 부처님은 다시 한 번 이렇게 말했다. "나는 이미 멈추어 있다. 이제 네가 멈출 차례이다."

이 한마디에 바로 깨달아서 앙굴리말라는 그 자리에서 손가락으로 만든 목걸이를 풀고, 칼과 활과 화살까지도 버리고 부처님의 제자로 들어갔습니다. 앙굴리말라가 제자가 된 이후 코살라국왕 파세나디는 앙굴리말라가 석가모니를 해치고자 한다는 소문을 듣고 군대를 동원하여 부처님을 보호하고자 했습니다. 그러한 광경을 보고 부처님이 파세나디에게 무슨 일이 생겼기에 이리 많은 군대를 데리고 왔는가 물어보자 이에 파세나디는 희대의 살인마 앙굴리말라가 부처님을 해치려고 한다는 소문을 듣고 잡으러 왔다고 말했습니다.

그러자 부처님은 만일 앙굴리말라가 과거의 잘못을 진심으로 뉘우치면서 누구도 해치지 않는 수행자의 삶을 살고 있다면 어떻게 하겠는지 물어보았습니다. 이에 파세나디는 그렇다면 그를 자신의 왕궁으로 초대하여서 그에게 필요한 모든 지원을 아낌없이 주리라 하면서도 한편으로는 한때 살인마였던 그를 의심하여 앙굴리말라가 있는 곳으로 가 봅니다. 앙굴리말라가 있는 곳에 도착한 뒤 그가 정말로 앙굴리말라가 맞는지 확인을 한 뒤, 그가 수행자로서 그 누구도 해치지 않는 너그러운 심성을 가지고 사는 것을 보고서야 의심을 버립니다.

그리고 앙굴리말라에게 자신이 줄 수 있는 자원을 아낌없이 베푼다고 했지만 앙굴리말라는 지금 가진 것만으로도 만족하니 괜찮다고 사양을 합니다. 이에 파세나디는 "부처님이시여, 참으로 훌륭하십니다. 부처님께서는 실로 정복하지 못할 자를 정복하시었고, 다스릴 수 없는 자를 다스리시었으며, 난폭한 자를 조용하게 만드시었고, 사나운 불과 같아서 꺼버릴 수 없는 자를 꺼버리시었으며, 저희로서는 창과 칼로도 다스릴 수 없는 자를 잘 다스리시었습니다. 부처님이시여, 참으로 위대하시고 거룩하십니다!"라고 말하며 크게 감탄한 뒤 왕궁으로 돌아갑니다.

또 어느 날, 앙굴리말라가 걸식을 하던 도중에 산고(産苦)로 괴로워하는 임산부가 수행자인 그를 발견하고서 자기 고통을 없애달라고 간곡히 부탁한 일이 있었습니다. 앙굴리말라는 지난 날 살인마였던 자신에게 편안하게 생명을 출산하게 기원해 달라는 임산부의 당부를 받자 몹시 당황하였습니다. 그리고 어찌할 바를 모른 채 도망치듯 수행처소로 달려와 임산부의 부탁을 스승 석가모니 부처님께 전했습니다.

부처님은 앙굴리말라에게 말했습니다. "너는 급히 그 임산부에게 달려가서, '나 앙굴리말라는 단 하나의 생명도 손상한 일이 없으니 그 공덕으로 고통에서 벗어나서 편안한 해산을 하라.'고 말하여라."하는 것이었습니다. 앙굴리말라가 놀라자, 부처님은 "너 앙굴리말라는 여래의 가문에 태어난 이후로 단 하나의 생명도 해친 일이 없지 않느냐."하고 알려주었습니다. 앙굴리말라는 곧바로 생명의 실상을 깨닫고 성자의 경지에 올랐다고 합니다.

그리고 곧바로 임산부에게 달려가서 석가모니가 일러준 대로 "여래의 가문에 태어난 이후로 단 하나의 생명도 손상한 일이 없으니 그 공덕으로 고통을 여의고 편안히 생명을 낳으라."하고 말했고, 그 순간 임산부는 모든 고통으로부터 벗어나서 건강한 아기를 출산했답니다.

그러던 어느 날 앙굴리말라가 탁발을 하러 가던 중에 한 무리의 사람들을 만났는데 그들은 앙굴리말라에게 원한이 있었던 터라 달려들어 돌을 던졌습니다. 앙굴리말라는 저항하거나 도망치려는 기색 없이 과보를 받아들이며 그들이 던진 돌을 맞아 열반에 들었다고 합니다. 이 소식을 들은 부처님께서는 비록 악한 행위를 하고 살았지만 자신의 과보를 받아들이는 것에 감탄하며 그는 깨달음을 얻었다고 평하였습니다. 금강경의 편저자는 앙굴리말라경을 가져와 능정업장분(能淨業障分)의 모토로 삼은 것입니다 그래서 금강경의 능정업장분(能淨業障分)을 설명하기보다는 앙굴리말라경에 나타난 금강경의 진의를 설명 드리는 것이 낫다는 생각을 합니다.

먼저 앙굴리말라의 출신 배경입니다. 부처님께서는 사람의 귀천은 출신 배경에 있지 않고 그 사람의 행위에 있다고 하셨습니다. 이 말씀이 담고 있는 저의는 현세에서 행위의 결과로 다음 생이 결정 된다고 믿고 있는 주류사회의 인식을 정면으로 뒤엎어 버린 것입니다. 그래서 부처님께서는 전통이라고 해서 또는 그 사람이 권위 있는 스승이라고 해서 또 모든 사람들이 그 말을 믿고 따른다고 해서 무작정 따르지는 말라고 하셨고, 실천해 보고 법에 맞고 이치에 합당하면 그때 비로소 믿고 따르라 하셨습니다.

먼저 부처님께서 말씀하신 전생과 후생, 바라문교 등에서 말한 전생과 후생에 대한 규정부터 바르게 할 필요가 있습니다. 바라문교에서는 전세에 어머니의 태를 빌려서 태어난 것을 기점으로 한 생으로 치고, 현세의 어머니 태를 빌려서 태어난 것을 한 생, 이런 식으로 나누고 있습니다. 반면 불교에서는 어머니 태를 바꿔서 태어난 것을 기준점으로 하는 것이 아니라 삶을 바라보는 시각의 변화 시점을 기준으로 전·후생을 나눕니다.

앙굴리말라의 전생은 탐욕심·진에심·우치심(貪欲心 瞋恚心 愚癡心)의 삼독으로 가득한 유위의 삶을 살았습니다. 깨달음을 구하는 탐심, 그 탐심으로 살인도 마다 않는 진심, 무엇이 해탈을 위한 바른 수행인지 알지 못하는 치심에 휩싸인 채 유위의 삶을 살고 있었지요. 하지만 부처님을 만나 유위의 삶에서 비롯된 탐·진·치의 마음을 멈추자 어리석은 마음은 곧 흔적 없이 사라지고 그 자리에 반야가 들어서게 됩니다. 반야가 들어선 순간 '나'있는 삶은 '나'없는 삶으로 바뀌게 됩니다. '나'가 있음으로 해서 필연적으로 발생하는 탐심과 진심이 보살의 대원으로 바뀌고 화내고 다투려는 마음은 평화롭고 다툼 없는 마음이 되었습니다. 이 삶이 아뇩다라삼먁삼보리를 짊어지는 것입니다. 만약 앙굴리말라가 부처님을 만나서 여래 가문의 자식으로 새로 태어나지 않았다면(이 경에서는 무위의 삶을 사는 사람을 여래의 자식으로 새로 태어났다는 표현을 쓰고 있음) 계속해서 살인을 하고 잘못된 수행을 함으로써 해탈은커녕 악업만 쌓고 있을 것입니다.

부처님은 탐심을 아귀지옥이라 표현하고, 성내는 마음을 도산지옥, 어리석은 마음을 축생계라 표현하신 것입니다. 또 비록 유위의 삶을 버리고 '나'없는 삶을 살게 되더라도 보살을 알아볼 수 있는 사람은 보살의 삶을 살고 있는 사람뿐입니다. 일반 대중들 눈에는 여전히 살인마 앙굴리말라로 오랜 세월 동안 그렇게 기억될 것입니다. 그것을 가리켜 '이 경전을 받아 지니고 읽고 외우는데도 만약 남에게 업신여김을 당하면'이라고 표현하신 것입니다.

앙굴리말라가 탁발을 나가면 공양을 올리기는커녕 살인

자라 손가락질 하거나 돌 던지기 등으로 온갖 모욕을 주었지만 앙굴리말라는 조금도 원망하는 마음 없이 결국에는 돌멩이에 맞아 열반에 들었을 때 부처님께서 앙굴리말라가 아라한의 도를 성취하셨음을 증명하셨습니다.

여기서 금강경의 말씀을 들어 비추어 보자면 "또 수보리야, 선남자 선여인이 경전을 받아 지니고 읽고 외우는데도 만약 남에게 업신여김을 당하면 이 사람은 전생의 죄업으로 반드시 지옥이나 아귀나 축생에 떨어질 것이지만 금생에 남에게 업신여김을 당함으로써 전생의 죄업이 곧 바로 소멸하고 반드시 최상의 깨달음을 얻게 되느니라."입니다. 이 말씀도 글자 그대로 받아들이지 말고 전하고자 하는 뜻을 잘 이해해야 합니다. '이 경을 받아 지니고'라는 말씀은 앞서 말씀 드린 바와 같이 무아의 삶을 실천하고 살아간다는 뜻입니다. '나'없는 삶을 살기 시작하는 순간 탐욕과 다툼에서 벗어나게 되고, '나'로 인해 발생하게 된 성내는 마음, 어리석은 마음으로부터 벗어나게 됩니다.

여기서 앙굴리말라가 멈추지 않았다면 계속해서 삼독심을 수반한 삶을 살아 갈 뻔 했습니다. 하지만 부처님과의 조우로 이 경을 받아 지니는 공덕[無爲·無住·無我]을 얻게 되고, 그러한 삶을 멈추게 되니 모든 죄업이 소멸[罪無自性] 되었습니다. 그러므로 반드시 최상의 깨달음을 얻게 될 것이라 하신 것입니다.

"이 경전을 받아 지니고 읽고 외운다면 그가 얻은 공덕은 내가 저 많은 부처님께 공양한 공덕으로는 백 분의 일에도 미치지 못한다. 천만 억 분의 일에도 미치지 못하며, 어떤 산수와 비유로도 능히 미치지 못하느니라. 수보리야, 만약 선남자 선 여인이 이다음 말세에 이 경전을 받아 지니고 읽고 외우는 이가 있으면 그가 얻은 공덕을 내가 만약 다 갖추어 말한다면 어떤 사람은 그 말을 듣고 마음이 곧 미치고 어지러워져서 의심하면서 믿지 아니할 것이다. 그 과보도 역시 상상할 수 없느니라."

이 부분은 사십이장경을 인용해 설명해 보겠습니다. 천백억 부처님께 공양 올리는 것보다 한사람의 무심도인(無心道人)에게 공양 올리는 것이 낫다는 말씀이 있습니다. 이 말씀의 바른 뜻은 아무리 많은 숫자의 부처님이라도 마음 밖에 있으면 내가 있게 되고, 상대가 있게 됩니다. 반면 무심이라는 말은 빈 마음이란 뜻으로 나와 남이 없이, 즉 나도 비어있고 상대도 비어 있음으로 동시 하나 되어 전체로 사는 삶을 말합니다. 이것이 금강경의 가르침이고 이 가르침이 깊이 우리의 삶에 녹아들어 금강경이란 말도 잊어버려 오로지 드러난 일체의 상과 하나 되어 흐른다면 이것이 이 경을 바르게 이해하고 잘 받아 지녀 읽고 외워서 다른 이를 위하여 설하는 것이 되는 것입니다.

21.

'나는 일체 중생을 열반에 들게 하리라. 일체 중생을 열반에 들게 하였지만 실제로는 아무도 열반에 든 중생은 없다.' 이 말씀이 대승사상을 가장 적확하게 표현한 말이라 생각합니다.

편집자가 뽑은 한 문장

당신의 마음에 들어온
한 문장은 무엇인가요?

_____

_____

_____

_____

_____

_____

스물한 번째 편지

究境無我分

 爾時 須菩提白佛言 世尊 善男子善女人 發阿耨多羅三藐三菩提心 云何應住 云何降伏其心 佛告須菩提 若善男子善女人 發阿耨多羅三藐三菩提心者 當生如是心 我應滅度一切衆生 滅度一切衆生已 而無有一衆生 實滅度者 何以故 須菩提 若菩薩 有我相人相衆生相壽者相 卽非菩薩 所以者何 須菩提 實無有法 發阿耨多羅三藐三菩提心者 須菩提 於意云何 如來 於燃燈佛所 有法得阿耨多羅三藐三菩提不 不也世尊 如我解佛所說義 佛於燃燈佛所 無有法得阿耨多羅三藐三 菩提 佛言 如是如是 須菩提 實無有法如來得阿耨多羅三藐三菩提 須菩提 若有法如來得阿耨多羅三藐三菩提者 燃燈佛 卽不與我授記 汝於來世 當得作佛 號釋迦牟尼 以實無有法得阿耨多羅三藐三菩提 是故 燃燈佛 與我授記 作是言 汝於來世 當得作佛 號釋迦牟尼 何以故 如來者 卽諸法如義 若有人言 如來得阿耨多羅三藐三菩提 須菩提 實無有法佛得阿耨多羅三藐三菩提 須菩提 如來所得阿耨多羅三藐三菩提 於是中 無實是虛 是故 如來說 一切法 皆是佛法 須菩提 所言一切法者 卽非一

切法 是故 名 一切法 須菩提 譬如人身長大 須菩提言 世尊 如
來說人身長大 卽爲非大身 是名大身 須菩提 菩薩亦如是 若
作是言 我當滅度無量衆生 卽不名菩薩 何以故 須菩提 實無
有法名爲菩薩 是故 佛說一切法 無我無人無衆生無壽者 須菩
提 若菩薩作是言 我當莊嚴佛土 是不名菩薩 何以故 如來說
莊嚴佛土者 卽非莊嚴 是名莊嚴 須菩提 若菩薩 通達無我法
者 如來說名眞是菩薩

그때 수보리가 부처님께 여쭈었습니다.

"세존이시여! 가장 높고 바른 깨달음을 얻고자 하는 선남자 선여인은 어떻게 살아야 하며 어떻게 그 마음을 다스려야 합니까?" 부처님께서 수보리에게 말씀하셨습니다.

"위없는 바른 깨달음을 얻고자 하는 선남자 선여인은 이러한 마음을 일으켜야 한다. '나는 일체 중생을 열반에 들게 하리라. 일체 중생을 열반에 들게 하였지만 실제로는 아무도 열반에 든 중생은 없다.' 왜냐하면 수보리여, 보살에게 독립된 실체로서의 내가 있다는 생각(아상), 개인적 윤회의 주체라는 생각(인상), 어떤 실체에 의하여 살고 있다는 생각(중생상) 개체가 영원한 생명이라는 생각(수자상)이 있다면 보살이 아니기 때문이다. 그것은 수보리여, 위없는 바른 깨달음에 나아가려는 자라 할 만한 법이 실제로는 없는 까닭이다.

수보리여, 그대 생각은 어떠한가? 연등부처님 처소에 위없는 바른 깨달음이라 할 만한 법이 있었는가?" "아닙니다, 세존이시여! 제가 부처님께서 말씀하신 뜻을 이해하기로는 연등부처님 처소에는 위없이 높은 바른 깨달음이라 할 만한 법이 없습니다." 부처님께서 말씀하셨습니다. "그렇다. 그렇다. 수보리여! 여래가 위없이 높은 바른 깨달음을 얻을 법은 실제로 없다. 수보리여, 여래가 가장 높고 바른 깨달음을 얻은 법이 있었다면 연등부처님께서 내게 '그대는 내세에 석가모니라는 이름의 부처가 될 것이다.'라고 수기하지 않았을 것이다. 위없이 높고 바른 깨달음을 얻은 법이 실제로 없었으므로 연등부처님께서 내게 '그대는 내세에는 반드시 석가모니라는 이름의 부처가 될 것이다.'라고 수기 하셨던 것이다.

왜냐하면 여래는 모든 존재의 진실한 모습을 의미하기 때문이다. 어떤 사람이 여래가 가장 높고 바른 깨달음을 얻었다고 말한다면, 수보리여, 여래가 가장 높고 바른 깨달음을 얻은 법이 실체로는 없다. 수보리여, 여래가 얻은 가장 높고 바른 깨달음에는 진실도 없고 거짓도 없다. 그러므로 여래는 '일체법이 모두 불법이다.'라고 설한다. 수보리여! 일체법이라 말한 것은 일체법이 아닌 까닭에 일체법이라 말한다. 수보리여, 예컨대 사람의 몸이 매우 큰 것과 같다." 수보리가 말하였습니다. "세존이시여! 여래께서 사람의 몸이 매우 크다는 것은 큰 몸이 아니라고 설하셨으므로 큰 몸이라 말씀하셨습니다."

"수보리여! 보살도 역시 그러하다. '나는 반드시 한량없는 중생을 제도하리라.' 말한다면 보살이라 할 수 없다. 왜냐하면 수보리여, 보살이라 할 만한 법이 실제로 없기 때문이다. 그러므로 여래는 모든 법에 아상도 없고, 인상도 없고, 중생상도 없고, 수자상도 없다고 설한 것이다. 수보리여, 보살이 '나는 반드시 불국토를 장엄하리라.' 말한다면 이는 보살이라 할 수 없다. 왜냐하면 여래가 불국토를 장엄한다는 것은 장엄하는 것이 아니라 이름이 장엄이라 설하였으므로 장엄한다고 말하기 때문이다. 수보리여, 보살이 무아의 법에 통달한다면 여래는 이런 이를 진정한 보살이라 부른다."

강해

제가 알고 있는 부처님의 교설을 이리저리 뒤져봐도 삼법인의 교설을 벗어난 가르침은 없습니다. 결국 부처님의 교설은 삼법인의 고(苦), 무상(無常), 무아(無我)의 가르침입니다. 그렇기 때문에 모든 경의 가르침의 저간에 흐르는 진의는 다른 언어로 표현된 무아의 가르침임을 대승불교를 공부하는 학파나, 상좌부를 공부하는 학파, 그 누구도 부정할 수 없는 부처님의 정법안장(正法眼藏)일 것입니다. 다만 무아의 가르침을 어떻게 삶에서 구현시킬 것인가 하는 면에서 언어적인 표현과 실천 방안에서 차이가 날 수는 있어도 근본적으로는 다름이 없을 것입니다.

상좌부에서는 삼학의 실천을, 여덟 가지 바른 행위로[八正道] 표현하고 있고, 대승불교에서는 육바라밀로 표현하고 있을 뿐입니다. 그렇다면 그 외는 다 같을까요? 그렇지만은 않습니다. 그 실천 방안에서 소소한 차이가 있습니다. 상좌부에서는 드러나 있는 상이 실재한다는 가정 하에 사유 관찰을 통해 모든 상이 연기의 화합상임을 통찰하고 무아에 다다를 수 있다고 가르치고 있고, 대승의 교의는 본래부터 삼계가 공[緣起實相]하다고 가르칩니다.

그 교의 안에서는 믿음이 강조됩니다. 그래서 화엄경에 다음과 같은 말씀이 있는 것입니다. "정신(正信)은 제행 공덕지모(諸行 功德之母)요, 탁수(濁水)를 능히 맑게 하는 수정주(水精珠)와 같다."라고 하신 것입니다. 눈에 드러나 있는 일체상은 우리의 전도몽상으로 기인한 착시이고, 실상은 고정된 일체상은 없으며 다만 그렇게 보려고 하는 범부의 시각이 있을 뿐이라고 말이죠! 그것을 바라보는 시각의 차이 때문에 상좌부에서 주로 행해지는 지관 수행법을 얕잡아보기도 하고 소승관법이니, 근기가 하열한 수행법이니 하는데, 그것은 분별과 한정을 지양하는 대승의 정신에 맞지 않습니다.

대승의 가르침에도 분명 지관의 행법이 녹아 있습니다. 정혜(定慧)라는 이름으로 부르고 있을 뿐이죠. 말과 상을 떠나 사유하는 것이 참된 대승의 가르침입니다. 대승을 말하면서 대승과 소승을 나누고, 내 가르침은 최고로 뛰어나고, 너의 가르침은 하열한 근기의 소유자들이나 하는 수행이라고 폄하하는 수행자들이 아직 많이 있습니다. 제가 부처님 말씀을 이해하기로는 행법에 대승 소승이 있는 것이 아니라, 법에 취착하여 옳다 그르다 분별하는 것으로서 대소승을 나눌 수 있을 뿐입니다.

우리의 입장에서는 외도라 할 수 있는 노자의 가르침 중에 도를 지칭하는 말로 무위자연(無爲自然)이란 말이 있습니다. 선불교(禪佛敎)에서는 부처님 마음을 가리켜 천진자성(天眞自性)이라는 말로써 가르침을 전하고 있으니 두 가르침엔 유사한 부분이 있습니다. 도(道) 또는 불(佛)은 본래부터 완성된 존재라는 것으로 이해의 바탕이 같다고 할 수 있습니다.

노자의 가르침에서도 도와 합일되어 살고자 하면 일체 상에 얽매이지 말고, 일체 하는 바 없이 행해야 한다고 가르치고 있고, 선불교의 주요 경전인 원각경에서도 "널리 일체중생을 살펴보니 다 여래의 원만하게 깨달은 실상[智慧 福德]을 다 갖추고 있음이라.

또 말씀하시길 드러나 있는 일체제상이 다 여래의 원만히 깨달은 마음의 작용이라 하시니라.[普觀一切衆生 具有如來智慧德相 又云 一切衆生 種種幻化 出如來圓覺妙]"라고 하신 것은 부처님뿐만 아니라 일체의 모든 생명들이 부처로부터 나왔음을 말씀하시는 것입니다. 어디에도 머문 바 없고 하는 바 없이 행하게 되면 부처와 같은 시각, 부처와 같은 눈으로 무장무애한 삶을 살 수 있다는 것입니다. 선가에서는 모든 생명 가진 존재가 본래로부터 완전한 존재로 태어났기 때문에 무엇을 하려 한다는 것이 오히려 본원으로부터 멀어지게 된다고 얘기하고 있습니다. 선가의 조사이신 육조 대사도 말씀하셨다시피 한 생각도 일어나지 않은 것이 여래의 본체이니, 그것을 지키기 위해서는 함이 없는 삶을 살고 머문 바 없이 머무는 무아의 삶을 살아야 합니다. 이것이 대승의 가르침입니다.

반면 상좌부의 가르침은 삶에서 나타난 모든 상이 허상임을, 경을 통한 가르침으로 이해하고, 실제 삶에서 구현하기 위해서는 지관 수행을 통하여, 일체 모든 상이 연기에 의한 화합상임을 알게 하여, 나라고 하는 실체가 없음을 깨달아 무아의 삶을 살게 되는 것입니다. 결국 여기서도 무아의 법에 통달한 수행자가 참으로 보살이라고 하십니다.

본문으로 들어가 보겠습니다. "세존이시여! 가장 높고 바른 깨달음을 얻고자 하는 선남자 선 여인은 어떻게 살아야 하며 어떻게 그 마음을 다스려야 합니까?" 이 경의 무아구경분(無我究竟分)을 읽게 되면 묘한 기시감(旣視感)이 느껴지는 것은 저만의 생각은 아닐 것입니다. 마치 금강경의 서두로 돌아가는 듯한 착각을 불러일으키고 있기 때문입니다. 이 경의 편저자가 이러한 방식을 취하는 데는 그럴 만한 까닭이 있겠지요. 그것은 우리 범부들의 끝없이 계속되는 경향성 때문입니다. '나'없이 사는 법을 금강경은 말씀하고 있지만 경을 읽고 있는 동안에도 내 생각 내 주관이 계속되기 때문에 그 생각을 살펴서 배려한 것으로 이해하시면 될 것 같습니다.

 이 경에 믿음을 낸 사람을 선남자 선여인이라 부르고 있습니다. 이 선남자 선여인이 어떻게 살아야 하며 어떻게 그 마음을 다스려야 하는지를 묻고 있지요. 여기서 변주가 일어납니다. '나는 일체 중생을 열반에 들게 하리라. 일체 중생을 열반에 들게 하였지만 실제로는 아무도 열반에 든 중생은 없다.' 이 부분을 들어 대승불교에서는 상좌부를 공격하고 비난하는 용도로 쓰입니다. 당신들은 해탈만을 목적으로 하지 대중들의 고통은 등한시하지 않느냐고 말입니다.

 붓다 입멸 후 얼마간의 이러한 경향성이 있었음은 학자들의 자료에도 나타나 있듯 부정할 수는 없지만 그들도 그러한 에고 때문에 소멸할 위기를 겪고는 변화를 선택했습니다. 그래서 지금은 대승이 비판한 지적들을 수용하여 지혜와 자비의 양 날개를 균등하게 수행의 행처로 삼고 있습니다. 제가 겪어본 그들의 일과가 자비경 독송으로 시작되고, 모든 장로 스님들의 법문에는 자비가 강조되며, 자비가 결여된 해탈은 없다고 강조합니다. 반면 지혜와 자비가 양족해야만 진정으로 해탈할 수 있다는 대승 불교의 교의는 너무나 타당 합니다만 실제로 우리의 삶에 드러난 대승불교는 반야가 결여된 자비행(방편)만이 강조된 편향성을 드러내고 있습니다.

특히 우리나라에서는 전국 방방곡곡이 입시철이면 입시기도, 백중이면 백중천도 기도 접수한다는 대형 현수막이 사찰 입구마다 걸려 있는 것을 볼 수 있습니다. 이런 식의 행위는 진정한 자비의 실천이 아니라 마음속 탐욕을 대놓고 드러내게 하는 행위입니다. 이런 행위를 금강경에서 작은 법을 구하는 자, 즉 소승이라 하는 것입니다. 다시 말씀드리자면 소승과 대승은 각각의 입장에서 취한 철학에서 나타난 것이 아니라 그 행위에 의해 대소승이 나뉜 것입니다.

'나는 일체 중생을 열반에 들게 하리라. 일체 중생을 열반에 들게 하였지만 실제로는 아무도 열반에 든 중생은 없다.'
이 말씀이 대승사상을 가장 정확하게 표현한 말이라 생각합니다. 훔칠 생각이 있으면 우주 전체를 훔쳐야지요. 이렇게 하면 도둑이 아니라 여래가 되는 것입니다. 그런데 범부는 기껏 '내 자식 좋은 학교 다닐 수 있게 수능점수 높게 받게 해주세요. 복을 지은 바 없는 우리 조상님네들 좋은 세상에 태어나게 해 주세요.' 등등 내가 있는 작은 유위의 인과에 매달립니다. 설사 그런 인과가 존재한다고 해도 그 인과에는 양면성이 동시에 존재합니다. 좋은 학교에 들어가게 되더라도 보이는 상이 그러할 뿐 그 삶에도 온갖 희로애락이 같이 존재합니다. 일체의 모든 중생을 제도하리라. 그러나 실제로는 한 중생도 제도한 바가 없다고 하신 것은 '나'가 없는 삶의 태도로, 제도 받을 중생과 제도하는 내가 없게 되니 무아의 삶을 살게 되는 것입니다. 고덕의 말씀에 작은 욕심은 큰 욕심 앞에서는 태양 앞의 반딧불처럼 곧 빛을 잃어 버리게 될 것이라 하십니다. 그래서 이르길 그런 것을 욕심이라 부르지 않고 대원 또는 서원이라 부른다고 하셨습니다.

이 금강경의 가르침은 어떠한 고고한 이상(理想)도 이상에 얽매이게 되면 더 이상 고고한 이상이 아니게 되고 어떠한 성스러운 가르침도 그것에 취착하고 그 이름에 걸리게 되면 더 이상 성스러운 가르침이 아닌 것입니다. 또한 이는 상을 세우게 되는 일이어서 송곳 하나 세울 자리가 없는 것이 여래의 본향이라고 말한 조사의 말씀에도 어긋나게 됩니다. 그러면 어떤 것이 여래의 땅입니까? 이 경에서 말한 응리일체상(應離一切相)이 바로 여래의 땅이라 할 것입니다.

가장 대승다운 이상이자 성스러운 철학인 지장보살의 대원이 있습니다. 이 세상에 한 명의 중생이라도 남아 있게 되면 나는 성불하지 않고 기다렸다가 그 한 중생이 성불하고 나면 그 때에 성불하겠다는 말. 그야말로 체루비읍하고 감동의 도가니에서 헤엄치며 환호작약해야 할 일이지만 심장조차 뛰지 않는 것은 그 슬로건이 얼마나 공허한 빈 메아리인지 알고 있고, 그것을 외치는 사람들이 전혀 대승사상(무아의 삶)을 살지 않고 있다는 사실을 너무 잘 알고 있기 때문이 아닐까 생각합니다. 지금도 지장보살을 팔아먹고 사는 사문이 적지 않기에….

빈 마음을 대승의 마음이라 부릅니다. 바꾸어 말하면 참다운 대승심이란 보살도이며, 보살도란 무아, 무위, 무상, 무주, 무념을 이릅니다. 이 보살도에 입각해서 살펴보자면 제도해야 할 중생이라는 생각과 제도하는 내가 없습니다. 있게 되면 곧 보살이 아니니 중생상을 내는 것이기 때문입니다.

'위없는 바른 깨달음에 나아가려는 자라 할 만한 법이 실제로는 없는 까닭이다.[實無有法 發阿耨多羅三藐三菩提心者] 노자가 이르시길 이 세상[一切世間]은 자(雌)와 웅(

雄)이라는 에너지로 이루어졌다고 말합니다. 자는 어머니로서 이 세계를 지키고 유지하려는 속성을 지녔고 웅은 끝없이 팽창하려는 수컷의 속성을 띠고 있다고 말합니다.

 단편적으로 그렇게만 받아들인다면 노자 선생의 말씀을 오해할 수 있겠지만, 요즘 말로 하자면 보수와 진보의 힘이라고 할 수도 있겠지요. 우리 마음도 그렇습니다. 늘 변화를 추구하는 마음과 안정을 추구하는 마음이 공존합니다. 주역에서도 건괘는 변화를, 곤괘는 안정을 상징합니다. 이렇듯 향상심과 본래 가지고 있던 것을 지키려는 마음이 잘 조화를 이루는 것이 이 세상을 살아있게 만드는 역할을 합니다. 그래서 고덕(古德)들은 지혜와 자비는 새의 양 날개와 같아서 두 날개가 조화를 이루었을 때만 새로서의 정체성인 비행을 할 수 있게 된다고 했습니다. 이처럼 위없이 바른 깨달음으로 나아가려는 의지는 보살의 덕목 중 하나인 위로는 보리를 구하는 일이 될 것입니다.

 그렇지만 실제로는 앞으로 나아가야 할 만한 고정된 실제적인 법은 없습니다. 다만 그 사실을 아는 것으로 나아가려는 것입니다, 이것을 위없는 바른 깨달음으로 나아간다고 표현하고 있음을 알아야 합니다. '정해진 법이 없다.' 라는 말도 다만 정해진 법이 없다고 부를 뿐이라는 사실을 유념해야 합니다. 왜냐하면 여래의 땅은 뭐라 부를 수 없고, 헤아릴 수 없고, 생각이 미치지 못하기[不可稱 不可量 不思意] 때문입니다. 그렇지만 화신으로 나타낼 때는 일체 기세간이 이것 아닌 것이 없습니다. 위로는 보리를 구하고 아래로는 중생을 제도하는 것이 보살의 삶이지만 일체의 나와 상대가 끊어져서 구할 보리도 제도할 중생도 없다는 것을 이름하여 중생을 제도하고 보리를 구한다고 하는 것입니다.

 다음을 보겠습니다. "여래가 연등부처님 처소에서 얻은 위없는 바른 깨달음이라 할 만한 법이 있었는가? 아닙니다. 세존이시여! 제가 부처님께서 말씀하신 뜻을 이해하기로는 부처님께서 연등부처님 처소에서 얻은 위없이 높은 바른 깨달음이라 할 만한 법이 없습니다. 부처님께서 말씀하셨습니다. 그렇다. 그렇다. 수보리여! 여래가 위없이 높은 바른 깨달음을 얻을 법은 실제로 없다." 이 대목도 반복되는 에피소드지요. 앞서 말씀드렸습니다. 경의 전개는 과거의 얘기가 아니라 지금 여기 이 자리의 나의 얘기로 받아들여야 경을 바르게 이해하는 것이라고요. 위없는 바른 법이라고 정해진 법이 없다는 것을 아는 것을 위없는 바른 법이라 부른다고 부처님께서 말씀하고 계십니다. 고타마 부처님도 나라고 부를 만한 실체가 없음을 아는 순간 연등불(밝은 지혜)을 만난 것이 되는 것이요, 그렇다고 진창[衆生界]을 떠난 여래의 세계는 없다는 것을 표현하고자 진창에 몸을 엎드리는 것으로 위아래가 없음을 보여 주셨고, 취할 만한 위대한 법이 없음을 아는 것으로써 위대한 법을 성취하게 되는 것입니다. 이것이 보살의 삶을 사는 것이고, 다음에 석가모니라는 명호를 가진 부처가 되는 것입니다.

　이렇게 말씀드리면 시간이 꽤 흐른 멀고 먼 미래인 것처럼 받아들이기 쉬우나 찰나를 이렇게 풀어 설명하고 있음을 유념해야 합니다. 노파심에 말씀드립니다만 과거, 현재, 미래도 내가 있는 유위의 삶(사량·분별적인 삶)속에서만 존재합니다. 지금 이 순간을 영원으로 사는 것을 여래의 삶이라 부르고 있음을 거듭 말씀드립니다. 여래의 삶 속에는 과거도 없고, 현재라고 부를 만한 것도 없으며, 미래 역시도 없습니다. 당연히 위대한 것도 하찮은 것도 존귀한 것도 천한 것도 모두 사량 분별로 인하여 일어난 생각이니 여래의 땅에서는 붙을 자리가 없습니다.

기억하십니까? 경에 이런 내용이 있습니다.

"수보리여, 여래가 가장 높고 바른 깨달음을 얻은 법이 있었다면 연등부처님께서 내게 '그대는 오는 세상에 석가모니라는 이름의 부처가 될 것이다.'라고 수기하지 않았을 것이다. 위없이 높고 바른 깨달음을 얻은 법이 실제로 없었으므로."

무슨 의미일까요? 여래는 바로 모든 존재의 진실한 모습을 의미하기 때문입니다. 위없는 바른 법이 있게 되는 순간 낮은 법이 존재하게 되고, 바른 법이 있게 되면 바르지 못한 법이 있게 됩니다. 그 사고 속에는 차별과 분별이 깃들어 있습니다. 부처님은 여래란 모든 존재의 진실한 모습을 의미한다고 말씀하십니다. 일체의 자기 한정과 차별과 분별을 떠난 모습을 진실한 모습이라 이름하고, 그 모습을 여래라 부른다는 말입니다.

그 진실한 모습을 가진 사람이 석가족 출신의 성자, 즉 모니인 것입니다. 위없는 바른 깨달음이란 어떤 실체적 모양이 없습니다. 어떤 상도 가지지 않은 모습을 위없는 바른 깨달음이라고 말하고 있을 뿐입니다. 거듭 말씀드리자면 모든 존재가 각자 일체 상을 여의게 되면 그 모습이 진실한 모습이고, 진실한 모습이 여래가 되는 것입니다.

또 말씀하시길 "여래가 얻은 위없는 바른 깨달음 중에는 진실한 것도 허망한 것도 없다." 하십니다. 진실하다는 말에 또 허망하다는 말에 걸릴까봐 끊임없이 노파심을 드러내고 계십니다. 거듭 말씀하시길 "모든 법이 다 부처님 법이다."라고 하십니다. 원각경에 일체중생의 가지가지 변화된 모습들이 다 여래의 원만하게 깨달은 묘한 마음의 작용이라는 말씀이 있습니다. 이 말씀은 차별과 분별을 떠난 여래의 눈으로 보자면 이 세상은 조화로운 생명의 장에서 각자 맡은 바 역할 놀이를 하고 있는 한바탕 춤사위일 것입니다.

'내가 한없는 중생을 제도하겠다.'고 말한다면 보살이라고 할 수 없다고도 하십니다. 중생이라고 부르는 순간 보살인 나와 깨달음에 이르지 못한 너라는 차별이 존재합니다. 그렇기 때문에 보살이라고 할 수 없다고 하십니다. 실상에 있어서는 모두가 여래의 몸에서 나온 화신들입니다. 화신, 즉 용(用)으로서는 다소의 차이가 있을지 모르나 근원에서는 동일하기 때문입니다.

노자도 천하만물동일근(天下萬物同一根)이라 하지 않았습니까? 화신으로 드러난 모양새가 각각 다르고(별업이라고 부름) 추구하는 바가 욕구대로 가지가지이지만 전체를 한 몸으로 사는 여래의 입장에서는 하나도 취하고 버릴 것 없는 온전한 삶의 모습인 것입니다.

온전히 전체의 모습을 통찰할 수 있는 법안(法眼)으로 보게 되면, 선과 악, 귀하고 천한 것과, 높고 낮다고 하는 일체의 상대가 있는 유위적인 일들도 서로가 서로를 의지한 상태로 다만 조화를 이루고 있을 뿐이므로, 동시 전체의 흐름으로 보게 되면 완전한 삶을 이루고 있을 뿐임을 유념해야 합니다. 이렇게 동시 전체로 살게 되면 불평등이 없게 됩니다. 아니 표현이 잘못됐습니다. 불평등은 본래 없었기 때문에 불평등하다고 바라보는 시각이 없게 됩니다. '나'가 있는 삶에는 늘 상대가 있게 되고 일마다 이해타산으로 바라보게 됩니다.

이해타산 속에서는 나에게 이로움이 있고 손해됨이 있습니다. 그 시각으로 보면 나에게 해가 되는 사항은 불평등하다는 시각이 있게 됩니다. 그러나 동시 전체로 살게 되면 각자 삶의 형태대로 각자 조화를 이루어 온전한 삶을 살게 되니 그것을 무아의 법에 통달했다고 부처님은 말씀하시고, 이 법에 통달한 사람을 참다운 보살이라고 말씀하고 계신 것입니다.

22.
수행을 하다보면 확실하지는 않더라도 '아! 이 세상은 모두 다 연결되어 있구나!'라고 어렴풋이 느낄 수가 있을 것입니다.

편집자가 뽑은 한 문장

당신의 마음에 들어온
한 문장은 무엇인가요?

스물두 번째 편지

一體同觀分

　須菩提 於意云何 如來有肉眼不 如是世尊 如來有肉眼 須菩提 於意云何 如來有天眼不 如是世尊 如來有天眼 須菩提 於意云何 如來有慧眼不 如是世尊 如來有慧眼 須菩提 於意云何 如來有法眼不 如是世尊 如來有法眼 須菩提 於意云何 如來有佛眼不 如是世尊 如來有佛眼 須菩提 於意云何 如恒河中所有沙 佛說是沙不 如是世尊 如來說是沙 須菩提 於意云何 如一恒河中所有沙 有如是沙等恒河 是諸恒河所有沙數佛世界 如是寧爲多不 甚多世尊 佛告須菩提 爾所國土中 所有衆生 若干種心 如來悉知 何以故 如來說諸心 皆爲非心 是名爲心 所以者何 須菩提 過去心不可得 現在心不可得 未來心不可得

"수보리여, 그대 생각은 어떠한가?
여래에게 육안이 있는가?"

"그렇습니다. 세존이시여!

여래에게는 육안이 있습니다."

"수보리여! 그대 생각은 어떠한가?

여래에게 천안이 있는가?"

"그렇습니다. 세존이시여!

여래에게는 천안이 있습니다."

"수보리여! 그대 생각은 어떠한가?

여래에게 혜안이 있는가?"

"그렇습니다. 세존이시여!

여래에게는 혜안이 있습니다."

"수보리여, 그대 생각은 어떠한가?

여래에게 법안이 있는가?"

"그렇습니다. 세존이시여!

여래에게는 법안이 있습니다."

"수보리여, 그대 생각은 어떠한가?

여래에게 불안이 있는가?"

"그렇습니다. 세존이시여!

여래에게는 불안이 있습니다."

"수보리여, 그대 생각은 어떠한가?

 여래는 갠지스의 모래에 대해서 설하였는가?"

"그렇습니다. 세존이시여!

여래는 이 모래에 대해 설하였습니다."

"수보리여, 그대 생각은 어떠한가? 갠지스의 모래만큼의 갠지스가 있고 이 여러 갠지스의 모래 수만큼 부처님 세계가 있다면 진정 많다고 하겠는가?"

"매우 많습니다. 세존이시여!"

부처님께서 수보리에게 말씀하셨습니다.

"그 국토에 있는 중생의 여러 가지 마음을 여래는 다 안다. 왜냐하면 여래는 여러 가지 마음이 모두 다 마음이 아니라 설하였으므로 마음이라 말하기 때문이다. 그것은 수보리여! 과거의 마음도 얻을 수 없고 현재의 마음도 얻을 수 없고 미래의 마음도 얻을 수 없는 까닭이다."

강해

이 장에서는 오안(육안, 천안, 혜안, 법안, 불안)을 말씀하십니다. 흔하게 말하는 교설 중에 상으로 나타난 부처님 세계인 법계 중에 인간 세상 또는 하고자 하는 욕망으로 이루어진 세상인 욕계, 생각의 힘으로 이루어진 세계인 색계, 생각도 아닌 것이 그렇다고 생각이 아닌 것도 아닌 것으로 이루어진 무색계, 즉 삼계를 말씀하십니다. 오직 상으로만 보는 세계에서는 다른 어떤 공간에 삼계가 있다고 생각할지 모르지만 여기서 말하는 삼계는 다의식(多意識)의 세계입니다. 그 중에서 육안은 욕계를 인식할 수 있는 눈을 말합니다. 욕계는 거친 의식의 세계입니다. 먼지 같은 미세한 생각들은 지켜보기 수행과 알아차리기 수행을 하지 않으면 모래알 같은 형태로 발전합니다. 이 형태가 지속되면 이름이 붙을 수 있을 만한 형태로 자라나게 됩니다. 이 형태가 지속되면 더욱 굳어져서 사념이 되고, 이름이 붙어버리면 개념이[名色] 됩니다. 개념은 구조화 되어 관념이 됩니다.

여기서 깨어 있지 못하게 되면 고정관념이 됩니다. 고정관념이 더욱 굳어지면 물질로 나타나게 됩니다. 이렇게 나타난 세상을 인식할 수 있는 눈을 육안이라 합니다. 이 육안의 세계는 삶의 주인으로서 본분을 망각하게 됩니다. 좀 독한 말로 표현하자면 주인공으로 사는 게 아니라 겉모양(像)의 노예로 살게 됩니다.

천안의 세계는 불교의 수행이 아니더라도 다다를 수 있는 세계입니다. 선도라고 하는 우리나라의 호흡법을 통해서도 가능하고, 브라만교나 기타 외도들의 선정을 통해서도 가능합니다. 생각을 조절하는 것이 가능하게 되면 천안이 열리기 때문입니다. 생각을 임의 자재할 수 있는 세계를 천상계라 부르는 것입니다. 거친 생각을 다스려서 조복시킨 상태를 초선정(初禪定)을 이루었다고 말하고 다른 말로 천상계라 부릅니다. 즉 생각으로 이루어진 세계를 천상세계라 할 수 있습니다.

그렇지만 이 천상계도 유위의 세계입니다. 그래서 외도의 수행으로도 가능하다고 한 것입니다. 그렇다고 내 의식 세계를 떠나서 별도의 시공간을 차지하고 있다는 생각은 곤란합니다. 색계니 무의식계니 하는 말들이 모두 의식의 깊이를 표현하고 있음을 유념해야 합니다. 따라서 천안은 의식세계를 좀 더 밀밀히 살펴볼 수 있는 마음을 말합니다.

다음은 혜안입니다. 육안과 천안은 유위적(有爲的) 세계의 눈이었다면 혜안은 무위로 살 때 드러나는 눈입니다. 혜안은 일체의 분별과 차별을 떠나게 해주는 눈입니다. 혜안으로 보면 세간의 일체의 차별상이 다만 연기에 의하여 나타남을 알게 되어 동시 전체의 열린 마음으로 살게 됩니다. 여기에서는 내가 서 있을 자리가 없게 됩니다. 이렇게 되면 모든 차별상의 정점인 아상이 사라져 비로소 보살의 삶을 살게 되는 것입니다. 법안은 연기의 시작과 끝을 통관(洞觀)하는 안목을 말합니다. 혜안이 연기공성을 관찰하는 통찰지(通察智)라면 법안은 여기서 조금 더 깊이 들어가 원인과 결과를 통관하는 안목을 말하는 것입니다. 조금 바꾸어 설명하면 혜안은 우리의 삶인 관계와 관계들이 다만 연기의 소산물임을 명확하게 알아 응당 일체 상을 떠나서 있는 그대로인 진여실상을 볼 수 있는 안목을 말합니다. 진여실상이란 연기의 어울림을 말합니다.

불안은 일체종지(一切宗智)로서 심층 가장 낮은 곳에서 전체를 통관하고 전체로 살면서 스스로는 한 발짝도 움직임 없이 무장무애로 모든 법계를 오고가는 여래의 안목을 말합니다. 그러나 육안을 떠난 천안은 없고, 천안을 떠난 혜안은 없고, 혜안을 떠난 법안은 없으니 이 모든 안목들이 불안이라는 이름 아래 녹아 있습니다.

부처님께서 말씀하십니다. "거사 홍기찬이여! 중문 백사장에 가 보았는가?" "네, 가 보았습니다." "어떠하던가? 모래가 많던가?" "네, 많았습니다." "그렇다면 중문 백사장 모래 수만큼 많은 중문 백사장이 있다면 그 안의 모래는 많다 할 수 있겠는가?" "네, 심히 많다 할 수 있습니다." "그 모래 수만큼 여래의 세계가 있다고 한다면 어찌 생각하느냐? 여래의 세계가 많다 할 수 있겠느냐?" "심히 많사옵니다." "기찬아, 여래는 그 세계에 있는 모든 중생들의 가지가지 마음을 모두 다 아느니라." 어찌하여 부처님은 이런 말씀을 하셨을까요? 여래께서는 모든 마음이 다 마음이 아닌 것을 마음이라고 말씀하시기 때문입니다.

부처님께서 출세(出世)하시기 전에도 온 우주는 인드라망으로 촘촘히 연결되어 있었습니다. 다만 각자의 울타리 안에 스스로를 가두고 사는 바람에 소통이 끊어진 채 살아왔습니다. 우리도 수행을 하다보면 확실하지는 않더라도 '아! 세상은 모두 다 연결되어 있구나!'라고 어렴풋이 느낄 수가 있을 것입니다. 그러다가 혜안을 성취하게 되면 단절되었던 인드라망이 일시에 복원되어 본래 우리가 하나였다는 사실을 자각하게 됩니다. 이러한 사실을 금강경은 설하고 있습니다.

마음이 아닌 것을 마음이라고 말씀하시기 때문에 과거의 마음도 얻을 수 없으며, 현재의 마음도 얻을 수 없으며, 미래의 마음도 얻을 수 없다 하십니다. 이름과 한정을 떠난 것이 여래의 마음입니다. 한정과 분별 속의 닫힌 마음속에는 과거가 있고, 현재가 있고, 미래가 있게 되지만 한정과 분별을 떠난 열린 마음속에는 과거·현재·미래가 한 흐름 속에 녹아서 동시 전체로 흐른다는 것을 유념해야 합니다.

이 경구에 얽힌 작은 에피소드가 있습니다. 선가에서 꽤 유명한 이야기입니다. 역사가들이 선의 황금시대라 부르는 시대를 이끌었던 두 분의 선사가 있습니다. 임제의 할이라 부르는 임제 선사와 덕산의 방이라 부르는 덕산 선사입니다. 그중 덕산 스님에 얽힌 이야기입니다.

덕산 선감 선사는 당나라 시대 스님입니다. 사천성 출신으로 일찍이 출가하여 당시에 유행하던 아비담마와 대승교리에도 정통했다고 전해지고 있습니다. 그 중 특히 금강경에 뛰어나 금강경소초를 지어 짊어지고 다녔다고 합니다. 속가의 성씨가 주 씨라 주 금강이라는 별칭이 있었다지요. 이 기록으로 보자면 요즘 말로 프라이드가 대단했을 성싶습니다.

이 스님이 여기저기서 듣자하니 저 남쪽 야만의 땅에서 문자를 세우지 않고 곧바로 마음을 가리켜 성품을 보아 성불하게 하는 선불교가 유행한다는 소문이 있었습니다. 덕산의 입장에서는 도저히 이해할 수 없는 이야기였겠지요. 자기는 동진 출가하여 쉬지 않고 수행정진 하였음에도 겨우 경전의 대의를 짐작할까 말까하고, 이제야 겨우 이름이 알려지기 시작하는 처지인데, 저 남쪽의 마구니들이 말 같지 않게 견성하게 되면 즉시 성불할 수 있다고 하니 이 마구니들의 버르장머리를 고쳐주겠다고 호언장담하며 길을 나섰습니다.

그 즈음 용담이라는 곳에 명성 꽤나 올리던 숭신 선사가 제방의 납자들을 제접(諸接)하며 지내고 있어 그곳부터 들러 혼쭐을 내줄 생각이었습니다. 그때 산문 입구에서 떡 파는 노파를 만났습니다. 오랜 행각에 시장기가 느껴져 노점의 떡을 물끄러미 바라보자 이 노파가 "뭘 그리 쳐다보시오?"하니, 선사가 "내 시장하니 나한테 떡 하나 공양하면 점심이나 하려 하오."하며 거만을 떨었습니다. 노파가 선사를 바라보니 등 뒤에 책을 한 보따리 짊어지고 있어 물어보니 금강경을 해설해 놓은 금강경소초라고 자랑스럽게 말하는 것이었습니다.

"그러시오? 근디 나가 궁금한 것이 하나 있는디 스님이 옳게 대답을 해주시면 떡을 그냥 드릴 것이고 대답을 못하면 돈을 줘도 내 못 팔겠소!" 합니다. 선사가 말하길 "물어보시 구랴" 하자 노파가 "금강경 소초라 하니 금강경에 보면 과거의 마음은 이미 흘러 가버려서 가히 얻을 수 없고, 현재의 마음도 이미 흘러가는 중이라 얻을 수 없고, 미래의 마음이라는 것은 아직 오지 않아서 얻을 수 없다 하였는데, 스님은 어느 마음에 점심 하려 하시오?"하고 묻습니다.

이 말은 점심이라는 말을 유희의 소재로 가져온 것으로 점을 찍다와 마음이라는 말로써 모순임을 드러낸 것입니다. 물론 언어의 유희입니다. 언어의 유희에 빠져드는 것은 상을 상으로 보는 안목의 소유자라서 그렇습니다. 대번에 걸려들어 암흑의 수렁 속으로 빨려들어, 헤어 나올 수 없는 지경에 이르고 만 것이지요. 선사는 한 번도 그런 것에 대한 사유를 해 본 적이 없거니와 그러한 근원적인 질문을 받아 본적이 없었거든요.

이것은 언로를 끊어버리고 사고의 길을 끊어 버려서 오고 가도 못하게 만드는 질문이었습니다. 누구나 선사처럼 이러한 질문에 곧 말길이 끊기거나 마음이 행하는 바를 알 수 없게 되지는 않습니다. 이럴 수 있었던 것은 선사가 준비가 되어 있었기 때문입니다. 말하자면 진실했다는 것입니다. 선지식은 도처에 있는데 내가 알아보지 못하는 것은 내가 준비가 되지 못해서 그렇습니다.

기회는 준비된 자에게만 찾아오는 법입니다. 불행히도 선사는 저 수렁 가장 낮은 자리까지 내려가지 못하고 조금 남아있었던가 봅니다. 그래서 그런지 용담에 이르러서도 짐짓 허공에 칼질 한번 해봅니다. "용담에 왔는데 용담도 없고 용도 없네. 그랴!"라고 한마디를 합니다. 그때 봉창 문이 열리면서 "잘 오셨네. 그랴! 여기가 용담 맞네."선지식들의 대화가 이렇습니다. 상대방의 예상치 못한 부분을 향하여 칼질을 해댑니다. 바닥 저 아래까지 추락할 뻔하였지만 간신히 줄 하나에 의지하여 매달린 형상이지요. 여러분도 익히 겪어 보셨겠지만 유위의 세계는 작용과 반작용이 통용되는 세상입니다. 아무리 허공에 칼질을 해봐야 피드백은 없습니다. 그처럼 허무한 일은 없을 것입니다.

선사는 방장에 들어가서 늦은 밤까지 얘기를 나누다 피곤하여 쉬고 싶어 어둠을 밝힐 불을 청하니 용담 스님은 호롱불 하나를 건네줍니다. 그러나 건네받는 순간 훅 꺼버립니다. 마지막 남은 생명줄을 훅하고 불어 꺼버리자 마지막 남은 생명줄(아상)이 수렁 가장 밑바닥에 처박히고 거기서 기적이 일어납니다. 수렁 가장 밑바닥인 줄 알았던 세계가 순식간에 수렁은 사라져 버리고 있는 그대로의 진실상, 즉 함이 없는 여래의 땅이 드러난 것입니다. 마지막 남은 사량 분별이 꺼져 버리자 지금까지의 '나' 있는 삶을 살아오던 덕산은 죽어버리고 무아로 살아가려는 덕산으로 거듭 태어난 것입니다. 그렇게 하여 덕산 스님은 중국 선의 황금시대를 이끄는 주인공으로 살게 되었습니다.

23.
깨달음이란 사량분별과 그릇된 세뇌로부터 벗어나는 것입니다.

편집자가 뽑은 한 문장

당신의 마음에 들어온
한 문장은 무엇인가요?

스물세 번째 편지

法界通化分

須菩提 於意云何 若有人 滿三千大千世界七寶 以用布施 是人 以是因緣 得福多不 如是世尊 此人 以是因緣 得福甚多 須菩提 若福德有實 如來不說 得福德多 以福德無故 如來說得福德多

"수보리여, 그대 생각은 어떠한가? 어떤 사람이 삼천대천세계에 칠보를 가득 채워 보시한다면 이 사람이 이러한 인연으로 많은 복덕을 얻겠는가?"

"그렇습니다. 세존이시여! 그 사람이 이러한 인연으로 매우 많은 복덕을 얻을 것입니다."

"수보리여, 복덕이 실로 있는 것이라면 여래는 많은 복덕을 얻는다고 말하지 않았을 것이다. 복덕이 없기 때문에 여래는 많은 복덕을 얻는다고 말한 것이다."

강해

이 장은 기세간의 일체 상이 법신의 화신으로서 나타남을 설하고 있는 장입니다. 일체의 함이 있는 법은 꿈과 같고, 환상과 같고, 물거품과 같고, 그림자와 같다[一切有爲法 如夢幻泡影]라는 말씀을 전제로 공부해야 할 것 같습니다.

본문으로 들어가 보겠습니다.
"그대 생각은 어떠한가? 어떤 사람이 삼천대천세계에 칠보를 가득 채워 보시한다면 이 사람이 이러한 인연으로 많은 복덕을 얻겠는가?(於意云何 若有人 滿三千大千世界七寶 以用布施 是人 以是因緣 得福多不)"

우리가 유념해야 할 것은 유위적 행위는 유위의 인과가 따릅니다. 다만 유위의 세계는 늘 상대가 있는 세계이기 때문입니다. 상대가 있다함은 복과 화, 길과 흉이 항상 공존함을 의미합니다. 그래서 노자도 화의 기단에는 복이 엎드려 있고, 복의 이면에 화가 같은 양만큼 발아래 도사리고 있음을 말씀하십니다. 결국 화라고 하는 현상이 나타나더라도 계속되지 않고, 복이라는 현상도 계속되지는 않는다는 것입니다.

다음을 보겠습니다. 삼천대천세계를 칠보로 가득 채워 보시한다면 이러한 행위를 한 사람은 그 행위만큼의 과보를 얻게 될 것입니다. 어떠한 유위의 행위에도 그 결과는 양면성을 띤 채 다가옵니다. 왜냐하면 유위법의 세계가 양면성을 지닌 채로 존재하기 때문입니다. 그러나 우리는 한 면만을 보고 괴로워하거나 행복해 합니다. 괴로움과 즐거움도 다른 것이 아닙니다. 괴로움이 난 곳에서 즐거움도 납니다. 거듭 말씀드리자면 화신으로 나타난 이 세계는 함이 있는 세계여서 시작이 있고 끝이 있는 세계입니다.

어차피 그림자, 물거품, 꿈과 같이 환으로 이루어진 세계이기 때문에 그 결과로 나타난 모든 행위의 결과는 실체 없는 허상임을 잘 알아야 할 것입니다. 여기에 관한 옛사람의 게송이 있습니다.

게송

報化非眞了妄緣　보화비진요망연
法身淸淨廣無邊　법신청정광무변
千江有水天江月　천강유수천강월
萬里無雲萬里天　만리무운만리천

보신과 화신도 다 참된 것이 아니어서 마침내는 허망한 인연으로 이루어진 것을 알게 되면
법신만이 청정하게 또렷이 한없이 넓고 광대함을 이루리라
천 개의 강에 물이 있게 되면 천 개의 달도 있게 되고
만 리의 하늘에 구름이 없으면 만 리의 맑은 하늘이 존재한다.

삼천대천세계를 칠보로 가득 채워 보시하게 되면 그 과보로 많은 복을 얻게 된다고 말씀하신 것은 그림자의 세상에서 그림자의 모습으로 서로 주고받게 되지만 마침내는 허망한 것이라는 말씀을 하신 것으로 받아들여야 합니다. 그래서 부처님께서 "수보리여, 복덕이 실로 있는 것이라면 여래는 많은 복덕을 얻는다고 말하지 않았을 것이다. 복덕이 없기 때문에 여래는 많은 복덕을 얻는다고 말한 것이다." 여기서 복덕이 없다고 말한 것은 꿈과 그림자로 이루어진 세계에서의 복덕도 그와 같기 때문입니다.

요즘 유행하는 양자역학을 다루는 학자들 사이에서도 우주는 거대한 홀로그램이라고 말하고 있으며 그 말은 점점 설득력을 얻어 가고 있습니다. 부연하여 말씀드리면 금강경에서 말하고 있는 교설들이 점점 양자역학이란 학문 속에서 증명되어가고 있습니다.

이 상(相)으로 나타난 세계에서는 내가 있음으로 상대적인 상이 있고, 내가 없으면 상대적인 상도 없다는 가설이 폭넓게 통용되고 있다는 사실입니다. 양자란 불확정성이어서 무엇이라 정의할 수 없다고 얘기합니다. 부처님 말씀에 우리가 참으로 깊고 깊은 믿음을 내기 어려웠던 것은 우리가 인지하고 하고 있는 세계가 모두 상(相)을 지닌 상태로 드러나 있기 때문입니다. 지금은 상이 상이 아니라는 말씀에 믿음을 내기 어렵겠지만 모든 정보가 열리게 되면, 우리 마음도 열린 마음, 우리 사회도 열린 사회가 됩니다.

부처님께서 비유로 든 칠보(재물)라는 것도 똑같은 원자로 이루어진 물질이고 우리가 그토록 신성시 했던 영혼(사람에 따라서)이라고도 하고 또는 마음이라고 부르던 모든 것들이 양자로부터 비롯되었음을 공유하게 되면(물질과 정신이 둘이 아니라는 가설) 이 세상은 패러다임의 전환을 맞게 될 것입니다. 귀한 것 천한 것이 더 이상 없게 되겠지요. 솔직히 한번 생각해보자고요. 돈이 가치가 있게 된 것은 돈 자체가 가치가 있는 것이 아니라 사람들이 가치를 부여함으로써 가치가 있게 되고, 그와 같은 작용으로 허상인 가치에 욕심냄으로 인하여 귀한 것이 되지 않습니까?

귀하고 천한 것은 우리의 그릇된 정보 조작과 욕심, 그릇된 사고와 사량분별이 만들어 낸 것에 불과합니다. 범부라 부르는 중생들은 끝없이 같은 생각을 지닌 동업 중생(내가 있는 삶을 살고 있는)인 선배들에게 세뇌되어 살고 있음을 주지해야 합니다. 깨달음이란 사량분별과 그릇된 세뇌로부터 벗어나는 것입니다. 그래야지 동시 전체로 보는 안목인 정견을 얻을 수 있습니다. 정견을 얻게 되면 비로소 바른 사유가 가능하게 되고 바른 생각을(정념, 바른 주의 집중) 가지게 되는 것입니다. 저는 이것을 유념이라고 표현합니다. 이렇게 되어서야 금강경 사구게라도 지닌 것이 되고, 독송하는 것이 됨은 물론이려니와 다른 이를 위하여 전하는 것이 되는 것입니다.

24.
수차례 말씀드린 것 같지만 본래로부터
나라고 부를만한 것은 없다는 사실을 먼저
이해해야 합니다.

편집자가 뽑은 한 문장

당신의 마음에 들어온
한 문장은 무엇인가요?

스물네 번째 편지

離色離相分

　須菩提 於意云何 佛可以具足色身見不 不也世尊 如來不應以具足色身見 何以故 如來說 具足色身 卽非具足色身 是名具足色身 須菩提 於意云何 如來可以具足諸相見不 不也世尊 如來不應以具足諸相見 何以故 如來說諸相具足 卽非具足 是名諸相具足

"수보리여, 그대 생각은 어떠한가? 신체적 특징을 원만하게 갖추었다고 여래라고 볼 수 있겠는가?" "아닙니다. 세존이시여, 신체적 특징을 원만하게 갖추었다고 여래라고 볼 수는 없습니다. 왜냐하면 여래께서는 원만한 신체를 갖춘다는 것은 원만한 신체를 갖춘 것이 아니므로 원만한 신체를 갖춘 것이라고 말씀하셨기 때문입니다." "수보리여, 그대 생각은 어떠한가? 신체적 특징을 갖추었다고 여래라고 볼 수는 있겠는가?" "아닙니다. 세존이시여, 신체적 특징을 갖추었다고 여래라고 볼 수는 없습니다. 왜냐하면 여래께서는 신체적 특징을 갖춘다는 것이 신체적 특징을 갖춘 것이 아니므로 신체적 특징을 갖춘 것이라고 말씀하셨기 때문입니다."

강 해

 유위의 세계에서 구족상은 보이는 상, 다시 말해서 삼십이상으로 나타날 때 보이는 모습 그대로가 여래의 모습이 아닌 것은 아니지만 앞서 말씀대로 유위의 안목은 전체 동시로 보는 안목이 아닙니다. 여기서 동시 전체로 보는 눈은 화신으로 나타나고 있지만 그 안에 보신과 법신을 포함하고 있음을 잘 아는 것을 말하고 있습니다. 이렇게 되어야지 나도 열리고 사회도 열려서 열린 마음, 꾸밈없이 질박하고 진실한 모습이 드러나는 것입니다.

 본문을 살펴보겠습니다. "신체적 특징을 원만하게 갖추었다고 여래라고 볼 수 있겠는가?" 이 말을 살펴보면 삼십이상으로 여래를 볼 수 있느냐고 묻고 있는 것입니다. 앞서 말씀드린 대로 삼십이상은 여래의 덕성 중 일부를 수식하고 있는 말에 불과합니다. 참다운 여래의 복과 덕은 끊임없이 우주를 팽창시키고 보호하되 일체 거기에 머물지 않아

팽창시키되 시킨 바가 없게 되고 지키되 지킨 바가 없게 되는 것을 말합니다. 바꾸어 말하면 여래가 창조해낸 이 세상 그대로가 여래의 복과 덕인 것입니다. 그 물음에 대한 대답으로 신체를 구족한 한정된 신체의 모습으로는 여래의 복과 덕을 설명할 수 없기 때문이라고 이해하셔야 합니다.

우리가 법계를 장엄한다는 것은 일체 상을 떠난 사유와 행위를 통해 각자 주어진 사명에 지극하고 성스럽게 최선을 다해 사는 일입니다. 누가 찾아와서 '무아'로 산다는 것에 대하여 묻기를 "스님 말마따나 그래요, 무아의 가르침이 불교의 핵심 철학인 것은 인정합니다. 그런데 어떻게 해야 무아로 사는 것인지 말씀해주셔야 하지 않겠습니까? 어떻게 살아야 '나'없는 삶을 살 수 있게 되는 것입니까?"하더군요.

사실 이에 대해서는 부처님은 수차 강조해서 말씀하시고 계시지요. 저도 수차례 말씀드린 것 같지만 본래로부터 나라고 부를만한 것은 없다는 사실을 먼저 이해해야 합니다. 그 바탕에 주어진 상황 상황에 지극한 성과 정을 다하는 것이 무아(無我)로 사는 행위입니다.

비유하자면 음악을 듣거나, 장작을 패거나, 주어진 행위 하나하나에 바른 주의집중을 하게 되면 나는 잊어버리고 행위만이 남게 됩니다. 이러한 행위를 매사에 적용시키는 것이 '나' 없이 사는 일이 됩니다. 설명이 길어졌습니다만 줄여서 말씀드리면 대승불교에서는 육바라밀 행을 닦는 일로 표현되고 상좌부에서는 팔정도로 표현되고 있을 뿐입니다. '나'없이 살게 되면 자타가 사라지고 동시 전체로 살게 되며, 그러한 앎으로 세상을 비추어보면 귀한 일 천한 일이 정해져 있는 분별상이 아니라 연극무대처럼 상황상황마다 주어진 배역이 있을 뿐임을 자각하게 됩니다.

연극무대에서는 단역도 있을 수 있고 주인공 역도 있을 수 있지만, 무대전체를 보면 배역 하나 하나가 다 주인공으로 살고 있음을 알 수 있습니다. 하나하나 주어진 배역에 정과 성을 다하여 나를 잊고 배역에 몰두하게 되면 그 연극 무대가 저절로 빛나는 것처럼 우리의 삶도 마찬 가지입니다. 우리한테 주어진 일에 나를 잊어버리고 바르게 주의 집중을 하게 되면 하는 행위만 남게 되며, 어느덧 그 행위도 잊어버리고 또렷이 각성된 앎만이 삶 전체를 비추고 있을 뿐입니다. 이것이야말로 불토를 장엄하는 일이 되고, 중생을 제도하는 일이 되며 보리를 구하는 일이 됩니다.

25.
선(禪)에서 제1덕목은 간절함입니다.

편집자가 뽑은 한 문장

당신의 마음에 들어온
한 문장은 무엇인가요?

스물다섯 번째 편지

非說所說分

須菩提 汝勿謂如來 作是念 我當有所說法 莫作是念 何以故 若人言 如來有所說法 卽爲謗佛 不能解我所說故 須菩提 說法者 無法可說 是名說法 爾時 慧命須菩提 白佛言 世尊 頗有 衆生 於未來世 聞說是法 生信心不 佛言 須菩提 彼非衆生 非不衆生 何以故 須菩提 衆生衆生者 如來說非衆生 是名衆生

"수보리야, 그대는 여래가 '나는 반드시 설해야 할 법이 있다.'는 생각을 한다고 말하지 말라. 이런 생각을 하지 말라. 왜냐하면 여래께서 설하신 법이 있다고 말한다면. 이 사람은 여래를 비방하는 것이니, 내가 설한 것을 이해하지 못했기 때문이다. 수보리여, 설법이라는 것은 설할 만한 법이 없는 것이므로 설법이라고 말한다."

그때 수보리 장로가 부처님께 여쭈었습니다.

"세존이시여, 미래에 이 법 설하심을 듣고 신심을 낼 중생이 조금이라도 있겠습니까?"

부처님께서 말씀하셨습니다.

"수보리여, 저들은 중생이 아니요, 중생이 아닌 것도 아니다. 왜냐하면 수보리야, 중생을 중생이라 한 것은 여래가 중생이 아니라고 설하였기 때문에 중생이라고 말하는 것이다."

강해

여래의 법은 이렇게 저렇게 분별하고 헤아리게 되면 하늘과 땅만큼 벌어지게 됩니다. 여래의 법이 살아 있다는 것은 주객이 혼연 일체가 되어 주어진 상황과 하나를 이룰 때를 가리킵니다. 물론 여러분도 간혹 그러한 것들을 체험하셨을 것입니다. 무언가가 저절로 이루어지고 있는 듯한 상황들 말입니다. 일체감은 지나고 난 뒤엔 유추할 수 있지만 진행 중일 때는 뭐라 입을 뗄 수 없습니다. 털끝만큼이라도 헤아림이 있게 되면 곧 깨트려집니다. 앞서 말씀드린 심우도에서 소를 타고 있는 나와 소를 동시에 잊어버린 것이 일체감인 것입니다. 청허당 휴정스님은 그의 저서 선가귀감에서 "선은 여래의 마음이요, 교는 여래의 마음을 설명하는 것이다."라고 하셨지요. 선을 잘 표현하고 있는 가르침이 바로 이 장입니다. 그러한 연유로 옛 선사들은 금강경을 선 사상의 지침서로 택하였는지 모르겠습니다.

　선가에서는 입을 열면 전하고자 하는 본의(本意)에서 어긋난다고 가르칩니다. 말로서 설명하고 헤아림으로 사물의 정체성을 짐작하는 중생심(분별심)으로서는 받아들이기도, 이해하기도 쉽지 않습니다. 그래서 만들어진 것이 선이며, 일반적으로 의사전달이 명확하지 않을 때 선문답하는 것이냐고 하는 것입니다. 그렇지만 이것은 대중들이 선의 한 측면을 보는 무지에서 비롯된 말입니다. 앞서 말씀드린 양자역학에서 양자의 영어 이름인 콴텀(quantum)이라는 말에는 다량, 다중의 뜻이 포함되어 있습니다.

　이 장에서 말하고자 하는 다르마(dharma) 또한 마찬가지입니다. 부처님의 법은 각자의 업성(業性)과 각자의 업의 성품에 의하여 나타나고 있는 제반 현상을 다 포함합니다. 언어란 언어 자체로 스스로가 한계를 정하고 있습니다. 언어가 가지고 있는 한정 때문에 진실한 법을 전할 수도, 말할 수도 없는 것입니다. 부처님께선 여래로부터 한걸음 나와 보살로서 법을 설하고 계시기 때문에 중생들을 위하여 차별상으로 나타나서 말씀하고 계십니다. 그것이 팔만사천의

금보장(金寶藏)이라는 이름으로 대변되는 것입니다. 또 다른 말로 형상을 여의고 말과 뜻을 함께 여읜 여래가 화신으로 나타남을 보살이라 부른다는 것도 알아두셔야 합니다.

'내가 없는' 것이 보살의 삶이지만 '내가 있는' 삶을 사는 중생의 한정과 차별상을 배려하여 각자의 업의 성품에 맞는 말씀을 하시기 때문에 이런 것들은 비효율적일 수는 있습니다. 상황 상황은 차별이 있을 수 있지만 본질에서는 동일하기 때문에 차별이 없이 평등하다고 얘기하고 있는 것입니다. 그래서 이 경은 최상승자를 위하여 설하신 것이고, 대승의 마음을 낸 사람을 위하여 설하신 것이라 하신 것입니다. 그렇다고 앞서 말씀드린 대로 최상승자가 따로 있고 대승자가 따로 있는 것은 아닙니다. 차별된 마음을 내지 않는 사람을 가리켜 대승자 또는 최상승자란 이름으로 부를 수 있습니다.

선이란 이러한 차별상과 분별상을 가진 자를 뒤로하고 바른 깨달음에 마음을 낸 사람들을 위하여 설해진 것입니다. 그렇기 때문에 선(禪)에서 제1덕목은 간절함입니다. 간절함이 사무쳐서 온몸의 세포까지 하나가 되었을 때 선지식의 한마디, 선지식의 몸짓 하나에도 동시 전체의 삶을 온전하게 수용하게 되며, 그것을 깨달음이라 부르고 있음을 유념해야 합니다. 노파심에 말씀드립니다만 선지식의 말과 몸짓이 깨닫게 해주는 것은 아닙니다. 다만 줄탁동시(啐啄同時) 일 뿐입니다.

각설하고 본문으로 들어가 보겠습니다. "수보리여! 그대는 여래가 '나는 반드시 설해야 할 법이 있다.'는 생각을 한다고 말하지 말라. 이런 생각을 하지 말라. 왜냐하면 '여래께서 설하신 법이 있다.'고 말한다면. 이 사람은 여래를 비방하는 것이니, 내가 설한 것을 이해하지 못했기 때문이다[須菩提 汝勿謂如來 作是念 我當有所說法 莫作是念 何以故 若人言 如來有所說法 卽爲謗佛 不能解我所說故]."

부처님은 말씀하십니다. '나는 반드시 설해야 할 법이 있다.'라는 생각도 하지 말고 말도 하지 말라고. 노자도 무위자연(無爲自然)이란 말로 도를 표현하고 있는데요, 그 뜻을 그대로 드러내자면 일체 함이 없이 스스로 자기 전 존재를 드러내는 그러한 것이라는 뜻이 됩니다. 말이 이상합니다만, 쉽게 바꾸어 보겠습니다. 누구의 간섭 없이, 비롯된 것이 없는 시절부터, 스스로 온전하게 존재 자체인 존재로 있게 되는 그러한 무속성의 정체성을 지니고 있다고 말하고 있는 것입니다. 이 도(道)는 어떤 언어적 설명으로 불가능하며 어떤 모습으로도 나타낼 수 없는 것입니다. 그렇기에 부처님 법도 언어로 한정해서 설명할 수 없고 어떤 비유와 예시도 가히 그것의 본질에는 미치지 못합니다. 여래의 법은 오직 하나됨으로 알 수 있는 것입니다. 이 하나됨은 전할 수도 설할 수도 없는 것입니다. 그것을 어떻게 설합니까? 설할 수도 말할 수도 없는 법을 말하고 설한다고 하는 것은 이렇게 저렇게 수행하게 되면 여래를 볼 수 있다고 다만 말을 하고 있을 뿐입니다.

그래서 부처님은 여래가 법을 설하고 법을 말한다고 하는 것은 본질이 아니라 다만 말일 뿐이라고 하신 것입니다. 선가(禪家)에 이런 표현이 있습니다. 알 수 없는 것을 안다고 하는 말은 알 수 없다는 것을 아는 것이라고 합니다.

"여래께서 설하신 법이 있다고 말한다면. 이 사람은 여래를 비방하는 것이니, 내가 설한 것을 이해하지 못했기 때문이다[若人言 如來有所說法 卽爲謗佛 不能解我所說故]."

여래의 법은 조금도 넘치지 않고 모자람도 없이 있는 그대로 참된 모습을 온전히 드러내고 있지만 그것을 바라보는 중생들의 시각에 문제가 있는 것입니다. 중생의 시각이란 편향된 시각으로 한정된 모습만을 규정하기 때문에 전체의 모습에서 보자면 어긋난 행위입니다. 잘못된 시각을 가진 길잡이가 있다면 이는 비방 받아야 마땅한 것입니다. 이와 같이 법을 이해한다면 법을 이해하지 못한 것이라는 부처님 말씀은 너무도 타당합니다.

"수보리야, 설법이라는 것은 설할 만한 법이 없는 것이므로 설법이라고 말한다."라고 하십니다. 여래의 법을 다른 말로 하면 법계의 성품이라 할 수 있을 것입니다. 의상조사의 말씀처럼 법계의 모습, 즉 여래의 법성은 오직 하나의 통짜로 이음새도 없이 모양 없는 모양으로 시공간을 초월한 모습으로 나타난 것입니다.

일체의 분별과 모양과 생각을 떠나있는 법성은 설하고자 하여도 설할 것이 없고, 말하고자 하여도 말할 것이 없음을 말하는 것이고, 설한다는 것은 설할 것이 없는 것을 설하고 이러한 것이 말을 떠나고 형상을 여읜 것이기에 말할 수 없는 것을 말하고 설할 수 없는 것을 설하고 계신 것입니다. 이를 가리켜 설법이라는 이름으로 부르고 설할 만한 법이 없는 것이므로 설법이라고 말한다고 하신 것입니다.

"세존이시여, 미래에 이 법 설하심을 듣고 신심을 낼 중생이 조금이라도 있겠습니까?" 수보리의 의문에 부처님께서 말씀하셨습니다. "수보리여, 저들은 중생이 아니요, 중생이 아닌 것도 아니다. 왜냐하면 수보리야, 중생을 중생이라 한 것은 여래가 중생이 아니라고 설하였기 때문에 중생이라고 말하는 것이다."라고 하십니다.

먼저 이 질문은 앞서 말씀드렸듯이 수보리의 생각이 아니고 아직 분별상을 여의지 못한 우리를 대신하여 던진 질문임을 잘 알아야 합니다. 고통이 있으면 안락도 있습니다. 오탁악세라도 반드시 괴로움을 극복하고자 마음을 내는 사람이 있을 것입니다. 상대적인 세상에는 한 모습으로만 존재하지 않습니다. 악인이 있으면 악인과 같은 수의 선인이 있게 됩니다. 상대적인 세계에서 상대는 동시에 이면을 상징하는 모습을 말하고 있기 때문입니다. 선과 악이란 한곳에서 난 이면의 모습을 말하고 있는 것으로 다른 모습을 말하고 있지 않습니다. 부처와 중생도 한곳에서 난 일란성 쌍둥이입니다.

한 생각이 미혹한 사람을 중생이라 부르고 한 생각 깨닫게 되면 중생 그대로가 부처임을 잘 알아야 합니다. 여기서 부처님의 안목을 들여다 볼 수 있는 지점이 있습니다. 부처님은 한 사안을 고정 지어서 바라보지 않고 전체로 보고 있음을 알 수 있습니다. 거듭 말씀드리자면 중생계가 따로 있고, 불국 정토가 따로 있는 것은 아닙니다. 같은 세계를 다른 눈으로 보고 있음을 유념해야 합니다. 일체의 분별과 차별을 여의게 되면 사바세계가 즉시 정토로 바뀌게 되고 정토도 분별과 차별상을 짓게 되면 즉시 사바세계로 드러나게 된다는 말입니다. 그렇듯 중생도 중생으로 고정되어 있지 않으며, 부처와 중생이 한 곳에서 나서 이면으로 존재한다는 것을 명심하시기 바랍니다. 부처를 떠난 중생은 없고 중생을 떠난 부처는 있을 수 없습니다.

26.
부처님께서는 자신이 본래부터 모자람도 넘침도 없이 모든 것을 완벽하게 갖춘 상태로 태어났다는 것을 깨달았습니다.

편집자가 뽑은 한 문장

당신의 마음에 들어온
한 문장은 무엇인가요?

_____

_____

_____

_____

_____

_____

_____

스물여섯 번째 편지

無法可得分

須菩提白佛言 世尊 佛得阿耨多羅三藐三菩提 爲無所得耶 佛言 如是如是 須菩提 我於阿耨多羅三藐三菩提 乃至無有少法可得 是名阿耨多羅三藐三菩提

수보리가 부처님께 말씀드렸습니다. "세존이시여, 부처님께서 위없는 바른 깨달음을 얻었다고 하나 얻을 만한 것은 아무것도 없는 것입니까?" "그렇고 그렇다, 수보리야. 나는 위없는 바른 깨달음에서 그 어떤 작은 법이라도 얻은 것이 없으니 이것을 위없는 바른 깨달음이라고 한다."

강 해

  석가모니 부처님이 깨달은 이 법은 심심미묘하고 위없어서 한 생각을 털어 내버리면 곧바로 여래의 땅에 들어가기도 하려니와 한 생각이 미혹하면 백천만겁이 지나도 이 법처럼 얻기 어려운 것이 없습니다. 선사들은 말합니다. 이 도라는 것은 아침에 모닝커피 한 잔 하는 것보다 쉽다고. 왜냐하면 부처님께서는 자신이 본래부터 모자람도 넘침도 없이 모든 것을 완벽하게 갖춘 상태로 태어났다는 것을 깨달았습니다. 그뿐인가요? 부처님만 그런 것이 아니라 생명 가진 존재들이 다 그러하다는 것을 깨달았습니다. 부처님은 이 법을 알리기 위해 평생을 사셨습니다.

  모든 걸 구족한 채로 태어나고, 죽음이 없이 영원토록 존재 자체로 존재하기에 무아이며, 모든 복과 덕을 갖추고 있으니 애써 무엇을 할 필요가 없는 것입니다. 그래서 무위입니다. 일체의 색상과 생각들이 끊긴 상태인 것으로 본시부터 머물 바가 없는 것이 이 법입니다. 본체로 보면 틀림없이 그렇습니다. 하지만 작용으로 봤을 때는 여래의 복과 덕이 갖가지 모양을 띤 채로 드러나 존재하고 있습니다. 때문에 상(相) 하나하나에 집착해서 분별과 차별상으로 대하는 대중들 입장에서 이 법은 아득하고 난해합니다. 그렇지만 한 생각을 쉬면 다시 숨 쉬는 것보다 빠르게 본원과 하나됨과 동시에 무욕의 땅을 터전으로 '나'없고, 함이 없고, 머문 바 없는 삶을 살게 되는 것입니다. 우리가 부처님의 공덕을 찬탄해 마지않는 것은 부처님 이전에도 부처님 이후에도 이 같은 법을 설한 이가 없다는 것입니다. 역대의 조사들과 아라한들은 다 뭐냐고 반문하실 수 있지만 조사들과 아라한들은 그저 부처님이 설하신 법이 틀림없다고 확인하시고 증명하신 것입니다.

본문을 살펴보겠습니다. "바른 깨달음을 얻었다고 하나 얻을 만한 것은 아무것도 없는 것입니까?" "그렇고 그렇다, 수보리야." 앞서 말씀드린 대로 여래의 법은 모양이 없으며, 관념과 이념도 아닙니다. 보고자 하여도 볼 수가 없고 성향미촉법(聲香味觸法)을 다 동원해도 알 수가 없고 얻을 수가 없습니다. 부처님께서 여시여시란 말로 긍정을 해주십니다. 얻을 바가 있는 법이라면 실체를 갖춘 법이기 때문에 이 경에서 전하고자 하는 진의와 어긋나게 됩니다. 얻을 법이 없다고 아는 것을 법을 얻었다고 말씀하신 것입니다.

"바른 깨달음을 얻었다고 하나 얻을 만한 것은 아무것도 없는 것입니까?" 하는 물음에 "그렇고 그렇다, 수보리야."라고 답하십니다. 지당하고 지당한 말씀입니다. 존재 자체로 존재하는 것이 부처님의 법계이고 존재 자체가 깨달음입니다. 거기서 무엇인가 얻은 바 법이 있게 되면 차별이 생기게 되므로 깨달을 것이 있게 됩니다.

"나는 위없는 바른 깨달음에서 그 어떤 작은 법이라도 얻은 것이 없으니 이것을 위없는 바른 깨달음이라고 한다[無有少法可得 是名阿耨多羅三藐三菩提]."

여래는 무량한 지혜와 복덕을 구족하고 있지만 법계와 일체로 존재할 때만 드러납니다. 여기서 털끝만큼이라도 이물(異物)이 생기면 신심명의 가르침처럼 천지현격(天地懸隔)이 되고 맙니다. 일체에서는 얻고 취하고 버릴 것이 없어서 그대로 온전히 수용하고 온전히 되돌리는 것이니 어떠한 작위적인 것이 없습니다. 그저 있는 그대로의 실상을 아는 것을 위없는 바른 깨달음이라고 부른다는 것을 잘 아셔야 됩니다.

27.
중생들 즉 '나'가 있는 삶을 살고 있는 존재들은 일상이 차별과 분별로 나타나서 오늘은 어제와 같은 영상을 찍고, 어제와 같은 오늘을 살고 있는 것이며 여기서 멈추지 않으면 내일도 오늘 같은 삶을 살게 될 것입니다.

편집자가 뽑은 한 문장

당신의 마음에 들어온
한 문장은 무엇인가요?

스물일곱 번째 편지

淨心行善分

復次 須菩提 是法平等 無有高下 是名阿耨多羅三藐三菩提 以無我無人無衆生無壽者 修一切善法 卽得阿耨多羅三藐三菩提 須菩提 所言善法者 如來說 卽非善法 是名善法

"또한 수보리야, 이 법은 평등해서 높고 낮음이 없으므로 위없는 바른 깨달음이라고 한다. 그렇기 때문에 아(我)도 없고, 인(人)도 없고, 중생 (衆生)도 없고, 수자(壽者)도 없는 것으로, 모든 착한 법을 닦으면 위없는 바른 깨달음을 얻으리라. 수보리야, 여래께서는 착한 법이란 곧 착한 법이 아닌 것을 착한 법이라고 말씀하신다."

강해

　앞서 말씀대로 여래의 세상은 유상(有相)의 세계와 무상(無相)의 세계로 가정해서 볼 수 있습니다. 상으로 나타난 세계는 중생들의 차별과 분별하는 마음들이 영사기의 영상이 스크린에 비춰져 상으로 나타나듯이 중생들의 생각들이 세상이라는 스크린에 투사되어 허상으로 나타난 것입니다. 중생들 즉 '나'가 있는 삶을 살고 있는 존재들은 일상이 차별과 분별로 나타나서 오늘은 어제와 같은 영상을 찍고, 어제와 같은 오늘을 살고 있는 것이며 여기서 멈추지 않으면 내일도 오늘 같은 삶을 살게 될 것입니다.

　그렇다면 여기서 어떻게 해야 이러한 유전 윤회하는 삶을 멈출 수 있는지 심각하게 고찰해야 할 필요가 있습니다. 먼저 이 세상은 본시 평등해서 높낮이가 없고 나라고 내세울 만한 어떠한 것도 없다는 것에 정점을 찍고 양변에 머물지 않는 청정한 마음을 내야 합니다. 청정한 마음은 바른 사유관찰이 필요합니다. 사유관찰을 통해서 상대를 짓는 마음을 멈춰야 합니다. 멈춤은 지관수행을 쌍으로 수행해야만 가능합니다. 지(止)수행은 본지(本智)에서 그쳐야함을 말하는 것으로써 그 논리를 적용하자면 먼저 본지를 알아야 합니다. 본지를 알기 위해서 사유관찰[觀修行]이 필요하며, 본지에 주의 집중하는 것을 멈춘다고 표현합니다. 이 멈춘 세계를 무상(無相)의 세계가 드러난다고 말할 수 있습니다. 이 두 세계는 실체로 존재하는 것이 아니라 중생들의 가상(假想)속에서만 존재합니다. 생각을 멈추게 되면 유상이니 무상이니 하는 것들이 붙을 자리가 없습니다.

본문을 살펴보겠습니다. "이 법은 평등해서 높고 낮음이 없으므로 위없는 바른 깨달음이라고 한다." 앞서 말씀대로 우리의 본질은 본래 평등합니다. 본래 불평등하다면 평등을 이룰 수 없습니다. 본래부터 지혜와 복이 구족되지 않았다면 깨달을 수도 없고, 복을 얻을 수도 없습니다. 여래의 삶 자체가 지혜와 복덕으로 이루어져 있기 때문입니다.
그렇기 때문에 아(我)도 없고, 인(人)도 없고, 중생(衆生)도 없고, 수자(壽者)도 없는 것으로, 모든 착한 법을 닦으면 위없는 바른 깨달음을 얻는다고 하십니다. 본래는 없는 것이지만 관찰자인 내가 있게 됨으로 관찰 대상인 아, 인, 중생, 수자도 있게 됩니다. 여래의 삶이란 주관과 객관이 사라져서 일합상(一合相)으로 작용하는 것을 말하기 때문입니다.

착한 법이라는 것도 그렇습니다. 착한 법이 따로 있는 것이 아니라 동시 전체로 사는 것을 착한 법을 닦는다고 말하고 계신 것입니다. 차별로 나타난 모든 상을 여의게 된 그 자리에 동시 전체가 한 흐름으로 어울려 나타난 일합상(一合相)을 바른 깨달음이라고 합니다.

28.
여래의 삶 속에는 너와 내가 없습니다. 너와 나의 높낮이도 없습니다. 저 무정생물이라고 하는 나무와, 풀, 바윗돌 하니까지 생명의 장에서는 평등합니다.

편집자가 뽑은 한 문장

당신의 마음에 들어온
한 문장은 무엇인가요?

스물여덟 번째 편지

福智無比分

須菩提 若三千大千世界中 所有諸須彌山王 如是等七寶聚 有人 持用布施 若人 以此般若波羅蜜經 乃至四句偈等 受持讀誦 爲他人說 於前福德 百分不及一 百千萬億分 乃至算數譬喩 所不能及

"수보리야, 만약 어떤 사람이 삼천대천세계에 있는 산들의 왕인 수미산과 같이 많은 일곱 가지 보배를 모아서 보시하더라도, 어떤 사람이 이 반야바라밀경의 가르침이나 사구게 등을 받아 지녀 읽고 외워 다른 사람을 위해 설하는 복덕에는 백분의 일에도 미치지 못하며 백천만억 분의 일 이상의 산수 비유로도 미칠 수 없다."

강해

　여래의 삶 속에는 너와 내가 없습니다. 너와 나의 높낮이도 없습니다. 저 무정생물이라고 하는 나무와, 풀, 바윗돌 하나까지 생명의 장에서는 평등합니다. 하지만 이 세상은 차별상으로 나타나 있습니다. 거듭 말씀드리자면 차별상으로 나타난 세상은 중생들의 차별된 생각이 상을 지어 구별된 모습으로 발현된 것입니다.

　그렇다면 차별된 생각을 교정할 필요가 있겠지요. 어떻게 하는 것이 교정을 하는 것일까요? 우리가 무분별의 무심으로 살게 되면 일시에 차별상은 사라지고 일체의 차별이 사라진 평등한 세상이 드러납니다.

29.

일체의 상으로 이뤄진 이 사바세계가 (본래 공성으로 이루어진 중생들의 의식이 거대한 스크린인 사바세계를 비추고 있는) 홀로그램임을 잘 안다면 이러한 상황과 상황들 모두가 다 비어 있음을 알 수 있을 것입니다.

편집자가 뽑은 한 문장

당신의 마음에 들어온
한 문장은 무엇인가요?

스물아홉 번째 편지

化無所化分

須菩提 於意云何 汝等勿謂如來作是念 我當度衆生 須菩提 莫作是念 何以故 實無有衆生如來度者 若有衆生如來度者 如來卽有我人衆生壽者 須菩提 如來說有我者 卽非有我 而凡夫之人 以爲有我 須菩提 凡夫者 如來說卽非凡夫 是名凡夫

"수보리야, 어떻게 생각하느냐, 여래께서 '나는 반드시 중생을 제도하겠다'고 생각하겠느냐? 너희들은 그렇게 말하지 말라. 수보리야, 그런 생각을 해서는 안 된다. 왜냐하면 참으로 여래께서 제도할 중생은 없기 때문이다. 여래께서 제도할 중생이 있다고 하면 여래께서도 아·인·중생·수자가 있는 것이다. 수보리야, 여래께서 자아가 있다고 말씀하신 것은, 자아가 있다는 것이 아니지만 범부들은 자아가 있다고 여기는 것이다. 수보리야, 여래께서는 범부가 곧 범부가 아닌 것을 범부라고 말씀하신다."

강해

　금강경은 어울림으로 함께 살며, 너와 내가 없어 나는 너에 속해 있고, 너는 나에 속해 있는 아름다움을 표현하고 있는 경입니다. 이렇게 금강경의 교설은 한 어울림으로 살게 되면 높낮이가 없이 공평하고 너와 나의 차별이 없어 공정한 삶이 드러나게 된다는 것입니다. 이를 가리켜 '나 없이' 사는 삶이라 부릅니다. '나'가 사라져 없게 되면 전체가 한 모습으로 나타납니다. 거기에는 범부라 불리는 중생도 없고, 지혜를 상징하는 부처도 없고, 천하고 귀한 것도 없고, 성과 속은 당연히 없습니다. 그러한 것들은 '나'가 있음으로 발생한 것이며 분별상과 차별상에 의한 지극히 작위적인 의식들이 현현한 것입니다.

　일체의 상으로 이뤄진 이 사바세계가 (본래 공성으로 이루어진 중생들의 의식이 거대한 스크린인 사바세계를 비추고 있는) 홀로그램임을 잘 안다면 이러한 상황과 상황들 모두가 다 비어 있음을 알 수 있을 것입니다. 그렇지만 보이는 상을 상이 아닌 것으로 바라보기는 쉽지 않습니다. 우리 범부들은 드러난 상을 고정된 모습으로 보기 때문에 복합적인 정보 신호들을 모두 열린 마음으로 받아들이지는 않습니다. 선택적이고 차별적으로 받아들여서 보고 싶은 대로 보고 듣고 싶은 대로 듣는 것이 차별상으로 나타난 세상입니다. 조금 더 말씀드리자면 법신인 비로자나불이 피조물들을 창조주의 성품 그대로 무속성을 지닌 모습으로 창조해 놓았고, 그 피조물들이 창조해낸 피조물 또한 무속성인 피조물로서 무속성을 띠고 있게 되는 것입니다. 이렇게 펼쳐진 무한의 세계를 삼천 대천 세계라는 이름으로 부르고 있습니다. 이렇게 펼쳐진 무한하게 중첩된 세계 또한 빈 모습, 빈 마음이기 때문에 일체의 피조물도 다 빈 모습, 빈 마음일 따름입니다.

상을 가진 모습으로 나타난 것의 상대는 비어있음에도 상으로 나타나 보이는 것은, 보는 주관이 상을 지니고 있어서 상을 지닌 상대로 나타난 것입니다. 이렇듯 그림자로 이뤄진 세계는 서로가 서로를 비추어서, 하나의 비로자나불로 상징되는 달이 중천에 떠 있으면서 천 개의 강에 그림자로 나타나듯, 서로가 서로의 거울이 되어 각자의 법계를 이루고 있음을 잘 알아야 합니다. 이렇게 빈 마음이 되려거든 객관인 상대에게 정과 성을 다하여 주의 집중해서 사유 관찰해 보세요. 그때는 관찰 대상인 객관도 비어 있고, 관찰자인 주관도 비어 있게 됩니다. 이렇게 되면 중생과 부처가 따로 있을 수 없으니 여래가 '나는 반드시 중생을 제도하겠다.'라는 생각을 하신다는 말을 할 필요가 없는 것이고, 여래께서는 제도할 중생이 없기 때문에 제도할 중생이 있다고 생각하는 일도 없게 됩니다.

30.
자연계 자체가 개아로서는 잠시도 홀로 존재될 수 없도록 만들어져 있습니다.

편집자가 뽑은 한 문장

당신의 마음에 들어온
한 문장은 무엇인가요?

서른 번째 편지

法身非相分

須菩提 於意云何 可以三十二相 觀如來不 須菩提言 如是如是 以三十二相 觀如來 佛言 須菩提 若以三十二相 觀如來者 轉輪聖王 即是如來 須菩提白佛言 世尊 如我解佛所說義 不應以三十二相 觀如來 爾時世尊 而說偈言 若以色見我 以音聲求我 是人行邪道 不能見如來

"수보리야, 어떻게 생각하느냐, 삼십이상으로써 여래를 볼 수 있겠느냐?" 수보리가 대답하였습니다. "그렇고 그렇습니다. 삼십이상으로 여래를 봅니다." 부처님께서 말씀하셨습니다.

"수보리야, 만약 삼십이상으로 여래를 본다면 전륜성왕도 여래이겠느냐?" 수보리가 부처님께 대답하였습니다. "세존이시여, 제가 부처님의 가르침을 이해하기로 삼십이상으로 여래를 볼 수 없습니다." 이때에 세존께서 게송으로 말씀하셨습니다.

"형색으로 나를 보려 하거나
음성으로 나를 구하려 하면,
이 사람은 삿된 길을 가는 것이니
여래를 볼 수 없으리라."

강 해

현대사회는 극단적으로 나와 남을 구분지어서 가족 공동체는 무너지고, 사회 공동체도 점점 결속이 헐거워지고 있습니다. 공동체 내에서도 서로 공통점을 찾으려 하지 않고 다른 점만을 찾아 서로를 소외시키고, 계층 간 세대 간에 갈등을 유발시키려는 사회 풍토가 각자도생하는 모습으로 나타나지만, 이렇게 해서는 나도 남도 절대로 행복한 삶을 살 수 없다는 것을 머잖아 알게 될 것입니다. 사회가 이렇게 흘러가는 이유는 여러 가지가 있겠지만 그중 하나가 편향된 관심이라는 것에는 재론의 여지가 없을 것입니다. 그렇게 된 까닭은 정보의 홍수 때문일 수 있습니다. 너무 많은 정보는 결핍과도 같은 말입니다. 어찌되었든 관심사와 선호도는 좁아지고, 좁아진 만큼 반작용으로 깊어졌습니다. 이러한 현상을 가리켜 팬덤현상이라고 부르기도 하지요. 무엇이 좋고 나쁜 것은 없습니다. 다만 편향될 뿐입니다. 편향된 정보 취득은 필연으로 그릇된 신념의 소유자가 될 가능성이 큽니다. 그릇된 신념의 소유자처럼 위험한 사람들은 없습니다. 그릇된 신념은 사회를 분열시키고, 갈등을 조장하고, 구성원들이 만들어 놓은 규범을 서슴없이 어기게도 합니다. 그 생각 속에는 이기적인 욕망이 포함되어 있습니다. 법을 구함에 있어서도 마찬가지입니다. 다 그런 것은 아니겠지만 하나의 법을 택한다는 것은 하나의 방편을 택하는 것인데 많은 사람들이 방편을 진리로 떠받들고 있습니다. 그리고는 내 법만이, 내 생각만이 옳다고 한정을 짓습니다. 이 경에서 가장 경계하는 짓을 서슴지 않고 하면서 그러한 행위를 되돌려 살필 줄은 모릅니다.

예를 들어 간화선을 수행하는 사람은 간화선만이 부처님의 가르침의 적통을 이었고, 남방의 상좌부 가르침을 수행하고 돌아온 사람들은 위빠사나야말로 부처님의 전통적인 가르침이며, 간화선 같은 수행은 비전통적인 것으로 거론할 가치가 없다고 말합니다. 이야말로 부처님을 훼방하고 부처님을 비방하는 일이 아닐 수 없습니다.

각설하고 현장본에 없는 이야기가 구마라집본에는 들어

있습니다. 삼십이상으로 여래를 볼 수 있겠냐는 질문에 그렇다고 대답하는 대목입니다. 전체의 흐름에서 보면 구마라집 삼장이 몰라서 이 글귀를 삽입해 놓았을 가능성은 애초에 없습니다. 다만 방편으로 일부러 강조했다는 것은 가능합니다. 혹 편향된 정보수집 능력으로 부처님 말씀이 지향하는 바를 보지 못하고, 말에 떨어져 옥석을 구분하지 못한 사람들을 위해 편집의 묘를 살렸을 것이라고 짐작해 봅니다.

색상으로 여래를 보려 하거나 음성으로서 여래를 구하려는 사람은 삿된 도를 구하는 사람이라 능히 여래를 볼 수 없을 것이라 하십니다. 앞서 말씀드린 대로 색상과 음성으로 여래를 볼 수 없는 것은 아니지만, 이는 지극히 편향된 정보만 취득하여 보는 것입니다. 여래는 어떤 한정된 모습이 아닙니다. 다중의 여러 모습, 즉 다양한 모습들이 여래라는 하나의 이름으로 나타남을 말하고 있기 때문에 그렇게 보는 것은 삿된 도라서 여래를 볼 수 없다고 하신 것입니다.

지금 여기서 관계와 관계들을 빈 마음으로 여실히 관찰하는 자체를 여래라고 할 수 있습니다. 관계와 관계는 상호간의 갑을 관계가 아닌 상호 보완의 관계로 존재합니다.

이 관계에서는 너 없이 나는 존재할 수가 없고, 나 없이 너도 존재할 수 없다는 가설이 성립합니다. 자연계 자체가 개아로서는 잠시도 홀로 존재할 수 없도록 만들어져 있습니다. 네가 행복하지 못하면 나도 행복해질 수 없는 것입니다. 그렇기 때문에 너를 돕는 행위가 나를 돕는 행위가 되는 것입니다.

이러한 모든 행위들이 앎으로 나타납니다. 이러한 것을 반야심경에서 말하는 시대명주, 즉 밝게 깨어있는 앎이라 할 수 있을 것입니다. 결국 우리의 삶이 관계로 이루어진 앎의 형태로 드러나게 되면 오직 밝은 앎만이 전 우주를 이루게 됩니다. 그것을 가리켜 위없는 삶, 크게 밝은 삶, 일체 차별이 없는 삶이라고 합니다.[是大神呪 是大明呪 是無上呪 是無等等呪].

31.
모든 생명들이 각자의 위치에서 열린 마음으로 서로에게 의지처가 되어 어울림의 장을 구현하는 것이 생명의 실상인 것입니다.

편집자가 뽑은 한 문장

당신의 마음에 들어온
한 문장은 무엇인가요?

_____

_____

_____

_____

_____

_____

_____

서른한 번째 편지

無斷無滅分

須菩提 汝若作是念 如來不以具足相故 得阿耨多羅三藐三菩提 須菩提 莫作是念 如來不以具足相故 得阿耨多羅三藐三菩提 須菩提 汝若作是念 發阿耨多羅三藐三菩提心者 說諸法斷滅相 莫作是念 何以故 發阿耨多羅三藐三菩提心者 於法 不說斷滅相

"수보리여, 그대가 '여래는 신체적 특징을 원만하게 갖추지 않았기 때문에 가장 높고 바른 깨달음을 얻은 것이다.'라고 생각한다면, 수보리여, '여래는 신체적 특징을 원만하게 갖추지 않았기 때문에 가장 높고 바른 깨달음을 얻은 것이다.'라고 생각하지 말라. 수보리여, 그대가 '가장 높고 바른 깨달음의 마음을 낸 자는 모든 법이 단절되고 소멸되어 버림을 주장한다.'고 생각한다면, 이런 생각을 하지 말라. 왜냐하면 가장 높고 바른 깨달음의 마음을 낸 자는 법에 대하여 단절되고 소멸된다는 관념을 말하지 않기 때문이다."

강 해

여래의 삶은 전체의 앎으로 드러나기 때문에 국한된 정보만을 한정하지 않습니다. 전 모습을 밝게 아는 행위로 하나 되어 나타나는 것을 말하기 때문에 색상이라는 한정된 정보 또는 음성이라는 한정된 정보로 여래를 규정하면 크게 어긋나게 됩니다. 그렇다고 해서 그러한 정보를 벗어난 여래의 깨달음이 있을 수 없음을 이 장에서는 강조합니다. 부처님께서는 규정짓는 행위를 하지 말라 하십니다.

규정을 짓는 순간 본질의 앎과는 하늘과 땅만큼의 격차로 벌어진다고 조사들도 말씀하고 계십니다. 여래는 열린 마음으로 온 세상을 있는 그대로 받아들이므로 온전한 세상 자체인 것입니다. 따라서 편향된 일부분인 삼십이상을 구족함으로 위없는 바른 깨달음을 얻는 것도 아니려니와 삼십이상을 구족하지 않았기 때문에 위없는 바른 깨달음을 얻는 것도 아닙니다. 여래란 빈 마음을 말하기에 어떤 규정과 한정을 벗어나 있습니다. 빈 마음은 어떠한 형태로 나타내지 않습니다. 중생이라고 불리는 생명들도 지금 빈 마음으로 살게 되면 즉시 여래로 나타납니다. 다시 한 번 강조하지만 여래는 특별한 모습으로 나타나지 않습니다. 나를 열어서 마음을 비우게 되면 여래의 삶을 산다고 말하는 것입니다. 마음을 열어서 빈 마음으로 산다는 것은 차별 없는 마음, 분별 짓지 않는 마음입니다. 이 세상 모든 존재들은 하나의 정보만으로 구성되어 있지 않습니다. 다중의 복합되고 융합된 구조로 드러나 있습니다.

또 이 장에서는 모든 법이 단절되고 소멸됨을 설한다고 생각하지 말기[說諸法斷滅 莫作是念]를 당부하십니다. 여기서 법이란 주관을 상대하는 객관을 말합니다. 주관과 객관이 하나로 통합되어 나타난 것을 빈 마음으로 표현한 것이지 비어 있다는 것은 소멸이 아님을 유념하시기 바랍니다.

일체의 모든 생명들, 여기서 말한 생명들은 유정과 무정을 다 포함해서 드리는 말씀입니다. 모든 생명들이 각자의 위치에서 열린 마음으로 서로에게 의지처가 되어 어울림의 장을 구현하는 것이 생명의 실상인 것입니다.

32.
인욕을 성취한다는 것은 보살의 삶을 산다는 것이고, 그것은 여래가 작용으로 나타남을 말합니다.

편집자가 뽑은 한 문장

당신의 마음에 들어온
한 문장은 무엇인가요?

서른두 번째 편지

不受不貪分

須菩提 若菩薩 以滿恒河沙等世界七寶 持用布施 若復有人 知一切法無我 得成於忍 此菩薩
勝前菩薩所得功德 何以故 須菩提 以諸菩薩 不受福德故 須菩提白佛言 世尊 云何菩薩 不受福德 須菩提 菩薩 所作福德 不應貪着 是故 說不受福德

"수보리여, 보살이 갠지스강의 모래 수만큼의 세계에 칠보를 가득 채워 보시한다고 하자. 또 어떤 사람이 모든 법이 무아임을 알아 인욕을 성취한다고 하자. 그러면 이 보살의 공덕은 앞의 보살이 얻은 공덕보다 더 뛰어나다. 수보리여, 모든 보살들은 복덕을 누리지 않기 때문이다."

수보리가 부처님께 여쭈었습니다. "세존이시여, 어찌하여 보살이 복덕을 누리지 않습니까?" "수보리여! 보살은 지은 복덕에 탐욕심을 내거나 집착하지 않아야 하기 때문에 복덕을 누리지 않는다고 설한 것이다."

강 해

　선가에는 깨달음에 관한 오래된 논쟁이 있습니다. 그것은 돈오(頓悟)와 점수(漸修)문제인데요, 여기서 그것을 논하고자 하는 것은 아니고 이(理)와 사(事)에 관한 부분을 살펴보고자 합니다. 우리 선가에서 중요하게 여겨지는 보록 중에 이즉돈오(理卽頓悟)나 사비돈제(事非頓除)라는 말이 있습니다.

　이치로는 얼음 그대로가 물임을 알았으나 얼음을 녹여 물의 쓰임에 맞는 형태로 활용하기 까지는 시간이 필요하다는 뜻을 담고 있습니다. 진리는 몰록 알아 차렸으나 현실에 적용시켜 쓰기에는 많은 시간과 노력에 정과 성을 쏟아 부어야만 비로소 아는 진리대로 살아 갈 수 있다는 말로 쓰입니다. 이 장의 복덕을 논함에도 적용해도 무리가 없을 것입니다.

　다중의 중첩된 모습으로 나타난 이 세간은 각자의 업성(業性)대로 나타납니다. 우리의 업성에 맞게 나타난 차별상과 온갖 분별로 이루어진 세상을 각자(覺者)들이 아무리 환(幻)이라 외쳐대어도 그 말이 먹혀들 리가 없습니다. 같은 차별상으로 나타난 동업 중생들일지라도 그 가운데도 아상의 벽이 두꺼워 벽창호 같은 사람이 있을 것이고, 아상 벽의 얇기가 유리창 같은 사람도 있을 것입니다. 까닭에 부처님의 교설이 차별 있는 모양새로 나타날 수밖에 없으며, 말씀에는 차별이 없지만 각자의 눈높이에 맞추어서 방편으로 설해진 것임을 잘 아셔야 합니다.

이 금강경은 오랜 시간동안 부처님 설법을 듣고 차별과 분별하는 벽이 얇아진 사람들 최상승자(위없는 깨달음에 마음을 낸 사람)와 더불어 대승자(더불어 한 어울림으로 사는 것이 본래 면목임을 믿어 의심치 않는 자)를 위해서 설한다고 하셨습니다. 그래서 차별과 분별의 벽이 두꺼운 사람들에게는 애써 십선을 권선하고, 복락이 많을 것이라고 설해 외벽부터 차근차근 부수어 나가는 지난한 일을 하신 것입니다.

본문을 살펴보겠습니다. "어떤 사람이 모든 법이 무아임을 알아 인욕을 성취한다고 하자. 그러면 이 보살의 공덕은 앞의 보살이 얻은 공덕보다 더 뛰어나다. 수보리여, 모든 보살들은 복덕을 누리지 않기 때문이다."라는 대목이 있습니다.

인욕을 성취한다는 것은 보살의 삶을 산다는 것이고, 그것은 여래가 작용으로 나타남을 말합니다. 여래란 그 자체로 무량한 지혜와 한없는 복덕을 포함하고 있습니다. 그렇기 때문에 보살로 산다는 것은 여래가 구족한 복과 지혜를 공유한다는 말이기도 합니다. 부처님은 상대가 있는 세상의 복덕도 분명 말씀하셨을 것입니다. 그 복덕은 유위의 세상에서 받는 복으로 샘이 있는[有漏] 복덕입니다. 아니죠! 유위의 세상은 그림자 세상이라 그 세상에서 나타난 복덕 또한 그와 같을 것입니다.

"세존이시여, 어찌하여 보살이 복덕을 누리지 않습니까?"라는 질문에 의문을 가진 분도 있을 것입니다. 보살은 무아·무위·무주의 삶을 사는 사람을 말하는 것이니 부처님 말씀은 너무도 지당한 말씀인데 수보리는 왜 그렇게 지혜롭지 못한 질문을 할까라는 생각도 해보셨을 겁니다. 그것은 수보리 생각이 아니고 대중 중에 그러한 의문을 가진 분이 있을 것을 염두에 두고 그들을 대신하여 하신 질문인 것입니다.

33.
물리적 세계의 일체현상은 본래 부동하고
고요한 것이 사라지지 않고 한결같습니다.

편집자가 뽑은 한 문장

당신의 마음에 들어온
한 문장은 무엇인가요?

서른세 번째 편지

威儀寂靜分

須菩提 若有人言 如來若來若去若坐若臥 是人 不解我所說義 何以故 如來者 無所從來 亦無所去 故名如來

"수보리여, 어떤 사람이 '여래는 오기도 하고 가기도 하며 앉기도 하고 눕기도 한다.'고 말한다면, 그 사람은 내가 설한 뜻을 이해하지 못한 것이다. 왜냐하면 여래란 오는 것도 없고 가는 것도 없으므로 여래라고 말하기 때문이다."

강해

여래란 부처님을 가리키는 열 가지 다른 이름 중 하나인 여래여거(如來如去) 준말입니다. 말 그대로 오고감이 같다는 말인데 풀어보자면 오고감이 없다는 말을 그렇게 쓰는 것입니다. 제법(諸法)은 본래부터 부동(不動)하여 적멸하다고 법화경에서도 말하고 있고 화엄경에서도 같은 말을 하고 있습니다. 다만 오고 가는 것처럼 보이는 것은 나의 생각이 오고 가기 때문에 생각으로 현현한 물리적 세계에서 보이는 여래도 오고감이 있다고 착시를 느끼는 것입니다. 물리적 세계의 일체현상은 본래 부동하고 고요한 것이 사라지지 않고 한결같습니다. 그런데 범부들은 인연 따라 생각이 요동치는 것을 보고 상이 움직인다고 합니다. 하지만 이것은 착시현상입니다.

34.
삼천대천세계는 마음이 창조주입니다.

편집자가 뽑은 한 문장

당신의 마음에 들어온
한 문장은 무엇인가요?

서른네 번째 편지

一合理相分

須菩提 若善男子善女人 以三千大千世界 碎爲微塵 於意云何 是微塵衆 寧爲多不 須菩提言 甚多世尊 何以故 若是微塵衆 實有者 佛卽不說是微塵衆 所以者何 佛說微塵衆 卽非微塵衆 是名微塵衆 世尊 如來所說 三千大千世界 卽非世界 是名世 界 何以故 若世界 實有者 卽是一合相 如來說一合相 卽非一 合相 是名一合相 須菩提 一合相者 卽是不可說 但凡夫之人 貪着其事

"수보리야, 선남자 선여인이 삼천대천세계를 부수어 가는 티끌을 만든다면 그대 생각은 어떠한가? 이 티끌들이 진정 많겠는가?" "매우 많습니다, 세존이시여! 왜냐하면 티끌들이 실제로 있는 것이라면 여래께서는 티끌들이라고 말씀하지 않으셨을 것이기 때문입니다. 그것은 여래께서 티끌들은 티끌들이 아니라고 설하셨으므로 티끌들이라고 말씀하신 까닭입니다. 세존이시여, 여래께서 말씀하신 삼천대천세계는 세계가 아니므로 세계라 말씀하십니다. 왜냐하면 세계가 실제로 있는 것이라면 한덩어리로 뭉쳐진 것이겠지만, 여래께서 한덩어리로 뭉쳐진 것은 한 덩어리로 뭉쳐진 것이 아니라고 설하셨으므로 한덩어리로 뭉쳐진 것이라 말씀하신 것입니다." "수보리야, 한덩어리로 뭉쳐진 것은 말할 수가 없는 것인데 범부들이 그것을 탐내고 집착할 따름이다."

강해

언어란 언어자체로 한정성을 갖고 있습니다. 예를 들자면 크다거나 작다라는 말은 추상적인 관념이기 때문에 크다는 것도 작다는 것도 실질적 측면에서는 없습니다. 다만 비교에 의해서 무엇은 무엇보다 작다거나 혹은 크다거나 할 수 있을 뿐입니다. 오직 법계는, 아니 여래는 모든 상을 여위었거나[應離一切相] 일체 상을 상이 아닌 것[若見諸相非想]으로 보고 사는 모습을 그렇게 부르는 것입니다. 또한 여래는 제법의 실상을 이르는 말이기도 합니다. 제법의 실상은 두 모습이 없습니다. 제법은 부동하여 늘 고요하며 일체 상을 여읜 모습으로 존재합니다. 실은 삼천대천세계도 없습니다. 처음부터 잘못된 전제입니다. 애초에 원동태허 같은 법계에 대해서 이러 저러한 담론을 하는 것 자체가 공허한 메아리일 뿐입니다.

　얘기를 좀 더 좁혀 보겠습니다. 삼천대천세계는 마음이 창조주입니다. 마음을 어떠한 모습으로 한정 짓고 규정지을 수는 없습니다. 모래알만큼 많은 세계를 창조하는 창조주이기도 하고 역으로 창조물이기도 합니다. 그러해서 이 세간은 오직 융합된 모습으로 나타납니다. 어찌 언설과 사량으로 미칠 수가 있겠습니까?

　예를 들어 보겠습니다. 먼저 이야기를 시작하기 전에 가정을 전제로 하겠습니다. 소천이란 작은 세계가 있다 합시다. 이 소천은 중천에 속해 있고 중천은 대천에 속해 있고 대천은 소천에 속해 있다면 이는 논리적으로는 오류가 있을 수 있지만 양자의 세계에서는 얼마든지 설명이 가능합니다. 양자의 세계란 불확정의 세계, 불교식으로는 정하지 않는 세계를 말하기 때문입니다. 이 세계는 물리적으로 현현한 세상이 아닌 까닭에 크고 작고가 없습니다. 우리는 상식이라는 이름에 너무 길들여져 있습니다. 금강경에서 표현하는 '나'있는 삶을 사는 사람들(상식에 길이 든 사람들)에게는 있을 수 없는 일이 되기도 합니다. 그렇지만 정해진 것이 없는 법이 부처님 법이고, 상식과 비상식을 뛰어 넘는 것이 여래의 법입니다. 여래의 삶 속에는 과거와 현재와 미래가 공존하며, 생과 사가 대립의 관계로 존재하지 않고, 부처와 중생이 한 몸으로 사는 세계인 것입니다. 부처니 중생이니 하는 세계는 차별과 분별로 이루어졌으며, 이는 곧 중생들의 생각으로 이루어진 차별상이 나타난 것입니다.

35.
생각 이전의 소식이라는 것은 순수한 앎으로
이뤄진 세상입니다.

편집자가 뽑은 한 문장

당신의 마음에 들어온
한 문장은 무엇인가요?

서른다섯 번째 편지

知見不生分

須菩提 若人言 佛說我見人見衆生見壽者見 須菩提 於意云何 是人 解我所說義不 不也世尊 是人 不解如來所說義 何以故 世尊說我見人見衆生見壽者見 卽非我見人見衆生見壽者見 是名我見人見衆生見壽者見 須菩提 發阿耨多羅三藐三菩提 心者 於一切法 應如是知 如是見 如是信解 不生法相 須菩提 所言法相者 如來說卽非法相 是名法相

"수보리야, 어떤 사람이 부처님께서 아견, 인견, 중생견, 수자견을 설명한다고 말한다면 너는 어떻게 생각하겠느냐? 이 사람은 내가 말한 뜻을 이해한 것이냐?" "세존이시여, 그 사람은 여래께서 말씀하신 뜻을 이해하지 못한 것입니다. 왜냐하면 세존께서는 아견, 인견, 중생견, 수자견이 곧 아견, 인견, 중생견, 수자견이 아닌 것을 아견, 인견, 중생견, 수자견이라고 말씀하시기 때문입니다." "수보리야, 위없는 바른 깨달음에 마음을 낸 사람은 모든 법에 대하여 반드시 이와 같이 알아야 하며 이와 같이 보아야 하며, 이와 같이 믿고 알아서 법이라는 생각[法相] 조차 내서는 안 된다. 수보리야, 여래께서는 법상(法相)이 곧 법상이 아닌 것을 법상이라고 말씀하신다."

강해

우리 선문에서는 한 생각 이전의 소식을 묻고 있습니다. 결국 이 말은 만상(萬象)이 벌어지기 이전의 소식을 묻는 것입니다. 생각 이전의 소식이라는 것은 순수한 앎으로 이뤄진 세상입니다. 그것은 중생이라는 이름도, 부처라는 이름도, 그 무엇이라는 이름과 모양으로 나타나기 이전의 상태에서 밝게 깨어 있는 앎만이 존재함 없이 존재하는 것을 말합니다. 본래부터 태어난 적도, 누구의 간섭도, 미동도 없이 그렇게 스스로 존재하기에 다른 이름으로 무위자연(無爲自然)이라 부릅니다. 그렇지만 그 이름도 뒤에 붙여진 것이지 스스로는 '나는 함이 없이 스스로 존재하는 그러한 존재다.'라고 해본 적이 없습니다. 다만 중생들의 분별상에 의해서 붙여진 모습입니다. 이름은 이름 자체로 규정과 한정을 짓는 대표적인 사량입니다.

불교에서는 명색이라고 부르지만 그 이름 또한 분별의 또 다른 모습입니다. 우리의 본래면목은 이름과 상을 떠나서야 비로소 관계와 관계 속의 밝은 앎으로 드러납니다. 그러나 유념하셔야 할 것은 차별상과 분별상을 떠난 여래는 없습니다. 생각 이전의 모습과 생각을 이루는 본원적 에너지와 그것을 바탕으로 나타난 일체 상까지 한 몸으로 나타난 것이 여래인 것입니다. 한몸인데 이렇게 분리해서 말씀드린 것은 범부는 보이는 모습에 한정하여 집착하기 때문에 전체의 모습을 통찰할 수 있도록 하려는 방편임을 유념하셔야 합니다.

그러나 바로 통찰한다면 분별과 차별상을 여의어서 즉각 생각 이전의 모습과 하나가 되어서 밝은 앎으로 드러납니다. 밝은 앎을 잊어버리지 않은 모습으로 중생의 삶에 녹아들어 차별 없이 분별없이 살아내는 것이 보살 삶입니다. 이 생각 이전의 모습에는 중생이란 이름이 없으며, 그것에서 비롯된 수많은 규정과 차별이 없이 있는 그대로를 받아들여 받아들인 바 없이 행하는 것이, 아니 행해지는 것이 무위의 본질입니다.

36.
일체 조작(함이 있는)된 상으로 나타난 법은 내가 지어내는 허망한 상이니, 정신을 차리고 빈 마음으로 살펴보아 꿈과 같고, 허깨비와 같고, 물거품이나 그림자와 같고, 또한 이슬과 번개와 같음을 관하라 하십니다.

편집자가 뽑은 한 문장

당신의 마음에 들어온
한 문장은 무엇인가요?

서른여섯 번째 편지

應化非眞分

須菩提 若有人 以滿無量阿僧祇世界七寶 持用布施 若有善男子善女人 發菩薩心者 持於此經 乃至四句偈等 受持讀誦 爲人演說 其福勝彼 云何爲人演說 不取於相 如如不動 何以故 一切有爲法 如夢幻泡影 如露亦如電 應作如是觀 佛說是經已 長老須菩提 及諸比丘比丘尼 優婆塞優婆夷 一切世間 天人阿修羅 聞佛所說 皆大歡喜 信受奉行

"만약 헤아릴 수 없이 많은 세계를 가득 채운 일곱 가지 보배를 가지고 보시하는 사람이 있다고 하더라도, 깨달음에 마음을 낸 선남자 선여인이 이 경의 가르침에서 사구게 등을 받아 지녀 읽고 외우며 다른 사람을 위해 연설한다면 그 복은 앞의 일곱 가지 보배로 보시한 것보다 뛰어나다. 그러면 다른 사람을 위하여 어떻게 연설하느냐? '모양에 집착하지 말고 한결같아 흔들리지 말지니라.' 왜냐하면

모든 조작된 법은

꿈·허깨비와 같고

물거품·그림자·이슬·번개와

같기 때문이다.

반드시 이와 같이 보아야 한다." 부처님께서 이 경의 설법을 마치자 장로 수보리와 모든 비구·비구니·우바새·우바이, 모든 세상의 하늘 신·사람·아수라들이 부처님의 가르침을 듣고서 크게 기뻐하며 믿고 받아들여 받들어 실행하였다.

강해

긴 시간 대중들은 기세간의 일체 현상이 실체로서 존재하는 것이 아니라 수많은 너와 수많은 나들이 합작으로[共業] 투사해낸 허상임을 받아들이기 시작했습니다. 일체의 조작된 법은 상대가 있는 것이어서 어느 하나를 선택할 수 없음도 어렴풋이 짐작하게 되었습니다. 분별된 세상에서 나타나는 제상들은 상대를 지어 나타나지만 그 상대 각각이 서로 대립이 아닌 동전의 앞뒷면임도 짐작하게 되었습니다. 수많은 관계와 관계들을 빈 마음으로 살펴보면 그대로가 밝은 앎이며 여래의 삶 자체임도 짐작하게 되었습니다. 또 여래의 삶은 특별한 시절이나 특별한 모습으로 나타나지 않아서 일상의 삶에서 빈 마음으로 산다면 그 삶을 여래의 삶이라 한다는 것도 짐작했습니다. 그 짐작만으로도 대중들은 마음이 평안해짐을 느끼고 위없는 깨달음에 마음을 내게 되었습니다.

　마지막으로 여러분들이 짐작한 바가 바로 여래가 설한 진실한 법이니, 모양에 집착하지 말고 한결같아서 흔들리지 말라고 확인해주십니다. 또 지금까지 설한 내용을 요약하여 사구게로 거듭 설하여 주십니다. 일체 조작(함이 있는) 된 상으로 나타난 법은 내가 지어내는 허망한 상이니, 정신을 차리고 빈 마음으로 살펴보아 꿈과 같고, 허깨비와 같고, 물거품이나 그림자와 같고, 또한 이슬과 번개와 같음을 관하라 하십니다. 반드시 이와 같이 관하라 하십니다. 그렇게 하면 여래의 삶에서 한마음 한뜻으로 너와 나 없이 살 수 있다고 말하고 계신 것입니다. 비로소 대중들은 부처님 말씀에 깊은 믿음을 내었고, 한 흐름 한 어울림으로 너와 나 없이 하나의 흐름인 동시 전체가 되었습니다. 이와 같이 밝게 알게 되어 기쁜 마음으로 열린 삶을 살게 된 것으로 금강경을 마치게 됩니다.

다이아몬드 편지
- 흔들리지 않는 평정심, 금강경 강설 -

초 판 1쇄 발행 2023년 01월 20일
개정판 1쇄 발행 2025년 07월 31일

지은이 우득스님
펴낸이 김희정
펴낸곳 도서출판 뷰티풀마인드
　　　　제주특별자치도 제주시 성지로52-1
　　　　T. 064-726-1237, M. 010-9822-1237
　　　　등록번호 : 제2021-000005호

ⓒ뷰티풀마인드, 2025, Printed in jeju, Korea
ISBN 979-11- 975826-6-0 (03220)

값 20,000원